民法改正でこうなる！

税理士のための相続実務

上西 左大信 [著]

ぎょうせい

■はしがき■

　平成30年7月6日に「民法及び家事事件手続法の一部を改正する法律」及び「法務局における遺言書の保管等に関する法律」が参議院で可決成立し、7月13日に公布されました。

　本書は、それらの法律により改正又は創設された条項の解説を試みるものですが、民法の専門書ではありません。書名が『民法改正でこうなる！　税理士のための相続実務』と題している通り、読者層は税理士とそのスタッフを想定しており、可能な限り、税理士等が顧客に説明する場面を念頭に置いて、執筆しました。

　別の言い方をすれば、私自身や、私の事務所の所属税理士やスタッフが、改正された民法の概要と実務上の留意事項を顧客に説明する際のガイドブックとなるように仕上げました。

　したがいまして、遺言の方式と種類、自筆証書遺言と公正証書遺言の特徴、遺言の効力、遺言執行者の指定と選任、委任と準委任、遺留分、民法特例、事務管理、不当利得返還請求、特別縁故者制度など、今回の改正事項ではないものの、今回の改正を理解するために必要な周辺事項などは、できる限り盛り込みました。

　もっとも、改正された条文や創設された条文については、網羅的に取り上げています。そして、改正の必要性や背景及び改正内容の部分については、筆者の経験や意見を踏まえた記載になっている箇所もありますが、原則として、法制審議会・民法（相続関係）部会での審議の内容を基礎として、必要十分に記載しているつもりです。また、民法の解説書や判例データベースも参照して、内容の充実に努めたところです。

　本書の構成は、配偶者居住権（配偶者居住権と配偶者短期居住権）

の創設、遺産分割（配偶者保護のための持戻し免除、預貯金の仮払い制度、一部分割等）、遺言制度（自筆証書遺言の要件緩和、遺言の保管制度の創設）、遺留分制度の抜本的改正、相続の効力等の改正、特別の寄与制度の創設となっています。

また、「民法の一部を改正する法律」が平成30年6月13日に参議院で可決成立し、6月20日に公布されました。改正内容は、成年となる年齢を18歳に引き下げることと婚姻適齢を一律に18歳とすることであり、本書の目的からははずれますが、実務への影響が大きいことから、補章として最後にその概要をまとめておきました、

最後に、本書の刊行は、株式会社ぎょうせいの皆様の熱心な働きかけと執筆に着手した後の献身的な助言に負うところが多大です。心から感謝申し上げます。

平成30年7月

税理士　上西　左大信

目　次

はしがき

序　章　総　論
—民法（相続関係）の改正の経緯と全体像—

1. 過去の民法改正 ・・・・・・・・・・・・・・・・・・・・・・・・・・・・・・・ 2

2. 法務省所管の国会提出主要法案—第196回国会（常会）— ・・ 4

3. 最高裁決定 ・・・・・・・・・・・・・・・・・・・・・・・・・・・・・・・・・・・ 5

4. 最高裁決定の評価 ・・・・・・・・・・・・・・・・・・・・・・・・・・・・・ 7

5. 民法の改正の検討とその必要性 ・・・・・・・・・・・・・・・・・・・ 8

第1章　配偶者の居住権の創設

1　配偶者の居住権を保護するための方策①

　—配偶者居住権—・・・・・・・・・・・・・・・・・・・・・・・・・・・・・・・・・10

はじめに・・10

1. 配偶者居住権 ・・・・・・・・・・・・・・・・・・・・・・・・・・・・・・・・・11

2. 審判による配偶者居住権の取得 ・・・・・・・・・・・・・・・・・・・15

3. 配偶者居住権の存続期間 ・・・・・・・・・・・・・・・・・・・・・・・・16

4. 配偶者居住権の効力 ・・・・・・・・・・・・・・・・・・・・・・・・・・・17

5. 配偶者による使用及び収益 ・・・・・・・・・・・・・・・・・・・・・・23

6. 建物の修繕等 ・・・・・・・・・・・・・・・・・・・・・・・・・・・・・・・・27

7. 居住建物の返還等 ・・・・・・・・・・・・・・・・・・・・・・・・・・・・・30

8. 税理士の助言業務 ・・・・・・・・・・・・・・・・・・・・・・・・・・・・・34

2　配偶者の居住権を保護するための方策②

　—配偶者短期居住権—・・・・・・・・・・・・・・・・・・・・・・・・・・・・・37

1. 配偶者短期居住権 ・・・・・・・・・・・・・・・・・・・・・・・・・・・・・・・・・・ 37

2. 配偶者による使用 ・・・・・・・・・・・・・・・・・・・・・・・・・・・・・・・・・・ 40

3. 配偶者居住権の取得による配偶者短期居住権の消滅 ・・・・・・ 41

4. 居住建物の返還等 ・・・・・・・・・・・・・・・・・・・・・・・・・・・・・・・・・・ 41

5. 配偶者居住権の準用規定 ・・・・・・・・・・・・・・・・・・・・・・・・・・・・ 42

第2章 遺産分割に関する改正

1 遺産分割に関する改正等① ―配偶者保護のための方策―

（持戻し免除の意思表示の推定規定）・・・・・・・・・・・・・・・・・・・ 46

1. 改正の要点及び必要性 ・・・・・・・・・・・・・・・・・・・・・・・・・・・・・・ 46

2. 改正後の関連条文 ・・・・・・・・・・・・・・・・・・・・・・・・・・・・・・・・・・ 47

3. 持戻し制度の概要 ・・・・・・・・・・・・・・・・・・・・・・・・・・・・・・・・・・ 48

4. 民法第903条第1項 ・・・・・・・・・・・・・・・・・・・・・・・・・・・・・・・・ 51

5. 民法第903条第2項 ・・・・・・・・・・・・・・・・・・・・・・・・・・・・・・・・ 53

6. 民法第903条第3項 ・・・・・・・・・・・・・・・・・・・・・・・・・・・・・・・・ 58

7. 民法第903条第4項 ・・・・・・・・・・・・・・・・・・・・・・・・・・・・・・・・ 59

2 遺産分割に関する改正等②

―仮払い制度等の創設― ・・・・・・・・・・・・・・・・・・・・・・・・・・・・ 65

1. 改正の要点及び必要性 ・・・・・・・・・・・・・・・・・・・・・・・・・・・・・・ 65

2. 可分債権と不可分債権 ・・・・・・・・・・・・・・・・・・・・・・・・・・・・・・ 65

3. 可分債権に係る実際の実務とその問題点 ・・・・・・・・・・・・・・ 68

4. 最高裁決定（平成28年12月19日）・・・・・・・・・・・・・・・・・・ 72

5. 仮払い制度の必要性 ・・・・・・・・・・・・・・・・・・・・・・・・・・・・・・・・ 74

3 遺産分割に関する改正等③

― 一部分割― ・・・・・・・・・・・・・・・・・・・・・・・・・・・・・・・・・・・・・・ 78

1. 改正の要点及び必要性 ・・・・・・・・・・・・・・・・・・・・・・・・・・・・・・ 78

|| 目　　次 ||

　　2. 改正条文の確認 ・・・・・・・・・・・・・・・・・・・・・・・・・・・・・・・・・・・ 79

　　3. 実務への影響 ・・・・・・・・・・・・・・・・・・・・・・・・・・・・・・・・・・・・ 81

4　遺産分割に関する改正等④
　　―遺産の分割前に遺産に属する財産が処分された場合の
　　遺産の範囲― ・・・・・・・・・・・・・・・・・・・・・・・・・・・・・・・・・・・・・・・ 83

　　1. 改正の要点及び必要性 ・・・・・・・・・・・・・・・・・・・・・・・・・・・・ 83

　　2. 財産処分があった場合についての見解 ・・・・・・・・・・・・・・ 84

　　3. 改正条文 ・・ 86

第3章　遺言制度に関する改正

1　遺言制度に関する改正①
　　―自筆証書遺言の方式緩和― ・・・・・・・・・・・・・・・・・・・・・・・・ 90

　　1. 改正の要点及び必要性 ・・・・・・・・・・・・・・・・・・・・・・・・・・・・ 90

　　2. 遺言制度の概要 ・・・・・・・・・・・・・・・・・・・・・・・・・・・・・・・・・・ 94

　　3. 改正の内容 ・・・・・・・・・・・・・・・・・・・・・・・・・・・・・・・・・・・・・ 98

2　遺言制度に関する改正②
　　―自筆証書遺言に係る遺言書の保管制度の創設― ・・・・・・・ 107

　　1. 改正の要点及び必要性 ・・・・・・・・・・・・・・・・・・・・・・・・・・・ 107

　　2. 保管制度の創設 ・・・・・・・・・・・・・・・・・・・・・・・・・・・・・・・・・ 109

　　3. 保管制度の内容 ・・・・・・・・・・・・・・・・・・・・・・・・・・・・・・・・・ 110

　　4. 税理士業務への影響等 ・・・・・・・・・・・・・・・・・・・・・・・・・・・ 116

3　遺言制度に関する改正③
　　―遺贈義務者の引渡義務等― ・・・・・・・・・・・・・・・・・・・・・・・・ 117

　　1. 改正の要点及び必要性 ・・・・・・・・・・・・・・・・・・・・・・・・・・・ 117

　　2. 改正の内容 ・・・・・・・・・・・・・・・・・・・・・・・・・・・・・・・・・・・・・ 118

4 遺言制度に関する改正④

　　―遺言執行者の権限の明確化等― ・・・・・・・・・・・・・・・・・ 123

　1. 遺言執行者の指定と選任等 ・・・・・・・・・・・・・・・・・・・・ 123

　2. 遺言執行者と相続人等の間の通知等 ・・・・・・・・・・・・・ 125

　3. 遺言執行者の権利義務 ・・・・・・・・・・・・・・・・・・・・・・・ 128

　4. 遺言の執行の妨害行為の禁止 ・・・・・・・・・・・・・・・・・ 130

　5. 特定財産に関する遺言の執行 ・・・・・・・・・・・・・・・・・ 132

　6. 遺言執行者の行為の効果 ・・・・・・・・・・・・・・・・・・・・ 135

　7. 遺言執行者の復任権 ・・・・・・・・・・・・・・・・・・・・・・・・ 136

第4章　遺留分制度に関する改正

1 遺留分制度に関する改正①―基礎的な事項の確認― ・・・ 140

　1. 遺留分とは ・・・・・・・・・・・・・・・・・・・・・・・・・・・・・・・ 140

　2. 遺留分の帰属及び割合 ・・・・・・・・・・・・・・・・・・・・・・・ 140

2 遺留分制度に関する改正② ・・・・・・・・・・・・・・・・・・・・ 142

　　―遺留分減殺請求権の効力及び法的性質の改正― ・・・・・・・ 142

　1. 改正の要点及び必要性 ・・・・・・・・・・・・・・・・・・・・・・・ 142

　2. 改正条文 ・・・・・・・・・・・・・・・・・・・・・・・・・・・・・・・・ 143

3 遺留分制度に関する改正③

　　―遺留分を算定するための財産の価額― ・・・・・・・・・・・・・ 146

　1. 改正の要点及び必要性 ・・・・・・・・・・・・・・・・・・・・・・・ 146

　2. 相続人に対する生前贈与の範囲に関する規律 ・・・・・・・・・ 148

　3. 負担付贈与に関する規律 ・・・・・・・・・・・・・・・・・・・・・ 152

　4. 不相当な対価による有償行為に関する規律 ・・・・・・・・・・ 152

　5. 遺留分侵害額の請求 ・・・・・・・・・・・・・・・・・・・・・・・・ 152

　6. 受遺者又は受贈者の負担額 ・・・・・・・・・・・・・・・・・・・ 154

|| 目　　次 ||

7. 債務の取扱い ・・・・・・・・・・・・・・・・・・・・・・・・・・・・・・・・・・・・・ 155

第5章　相続の効力等に関する改正

1　相続の効力等に関する改正①

　―権利の承継等― ・・・・・・・・・・・・・・・・・・・・・・・・・・・・・・・・ 160

　1. 改正の要点及び必要性 ・・・・・・・・・・・・・・・・・・・・・・・・・・・ 160

　2. 改正条文 ・・・・・・・・・・・・・・・・・・・・・・・・・・・・・・・・・・・・・・ 163

2　相続の効力等に関する改正②

　―義務の承継等― ・・・・・・・・・・・・・・・・・・・・・・・・・・・・・・・・ 169

　1. 改正の要点及び必要性 ・・・・・・・・・・・・・・・・・・・・・・・・・・・ 169

　2. 改正条文 ・・・・・・・・・・・・・・・・・・・・・・・・・・・・・・・・・・・・・・ 171

3　相続の効力等に関する改正③

　―遺言執行の妨害の禁止― ・・・・・・・・・・・・・・・・・・・・・・・・ 174

　1. 改正の要点及び必要性 ・・・・・・・・・・・・・・・・・・・・・・・・・・・ 174

　2. 改正条文 ・・・・・・・・・・・・・・・・・・・・・・・・・・・・・・・・・・・・・・ 175

第6章　相続人以外の者の貢献を考慮する規定の創設

1　相続人以外の者の貢献を考慮するための方策

　―特別の寄与― ・・・・・・・・・・・・・・・・・・・・・・・・・・・・・・・・・・ 178

　1. 改正の要点及び必要性 ・・・・・・・・・・・・・・・・・・・・・・・・・・・ 178

　2. 他の制度による救済方法の検討 ・・・・・・・・・・・・・・・・・ 182

　3. 改正条文 ・・・・・・・・・・・・・・・・・・・・・・・・・・・・・・・・・・・・・・ 186

　4. 実務への影響等 ・・・・・・・・・・・・・・・・・・・・・・・・・・・・・・・・ 190

補　章　成年の範囲と婚姻適齢の改正

1. 成　年 ･･･ 194

2. 婚姻適齢等 ･･･････････････････････････････････ 196

3. 養親となる者の年齢 ･･････････････････････････ 197

4. 附　則 ･･･ 197

5. 実務への影響等 ･･････････････････････････････ 198

資 料 編

1　法務局における遺言書の保管等に関する法律 ･･･････ 206

2　民法（明治29年法律第89号）の一部改正･･････････ 214

3　家事事件手続法（平成23年法律第52号）の一部改正･･ 240

序章

総　　論
―民法（相続関係）の改正の経緯と
　全体像―

1. 過去の民法改正

　民法及び関連する法律に係る改正の経緯は、次の通りである。

【昭和22年改正】

　日本国憲法の制定（昭和21年11月3日公布、昭和22年5月3日施行）に伴い民法を含む法制全般にわたる改正作業が行われた。この改正により、民法の「第5編 相続」については、家督相続制度の廃止、配偶者の相続権の確立などの改正がされた。

【昭和37年改正】

①　代襲相続制度の見直し

②　相続の限定承認・放棄の見直し

③　特別縁故者への分与制度の創設

【昭和55年】―大改正―

①　配偶者の法定相続分の引上げ

②　寄与分制度の創設

③　代襲相続制度の見直し（兄弟姉妹の代襲相続が被相続人から見て甥・姪までに制限）

④　遺産分割の基準の見直し

⑤　遺留分の見直し

　いずれの項目も今回の改正まで同じ内容が継続されてきた。

　今回の改正により、①②④⑤の見直しをしようとしたところ、①は行われず、②が「特別の寄与」として実現し、④と⑤も改正が行われた。

【平成11年】

> 聴覚・言語機能障害者も公正証書遺言制度を利用できるようにとの社会的要請から、手話通訳等の通訳又は筆談により公正証書遺言をすることができることとなった。

【平成20年】

> 遺留分に関する民法の特例である「除外合意」及び「固定合意」が「中小企業における経営の承継の円滑化に関する法律」により創設された。

【平成25年】

> 平成25年9月4日に最高裁判所大法廷決定により、民法第900条第4号ただし書のうち、「嫡出でない子の相続分は、嫡出である子の相続分の2分の1とし」とする部分が違憲であると判断され、同部分が削除された。

この最高裁決定が今回の改正の契機となった（後述）。

【平成30年改正】

> 年齢18歳をもって成年とすることとなり、婚姻適齢は男女とも一律に18歳となった。

「民法の一部を改正する法律」が平成30年6月13日に参議院本会議で可決成立した（補章参照）。

このほかに、平成30年には、「民法及び家事事件手続法の一部を改正する法律」及び「法務局における遺言書の保管等に関する法律」（この2つの法律の改正内容を解説することが本書の目的である。）が、平成30年7月6日に参議院本会議で可決成立した。

第196回国会（常会）において審議・可決された民法とそれに関連

する法律の改正の全体像は、次のようになっている。

2. 法務省所管の国会提出主要法案─第196回国会（常会）─

法律名	内　　容	施行日
民法の一部を改正する法律	成年となる年齢・女性の婚姻適齢を18歳とする等の措置 提出　平成30年3月13日 成立　平成30年6月13日 公布　平成30年6月20日	平成34年4月1日 ^(注)
民法及び家事事件手続法の一部を改正する法律	配偶者居住権 　配偶者居住権 　配偶者短期居住権	〔例外〕 政令で定める日 →平成32年4月1日
	遺産分割の見直し 　持戻し免除の意思の推定規定 　仮払い制度 　一部分割 　分割前に処分された遺産の取扱い 遺言制度 　自筆証書遺言の方式緩和 　遺贈の担保責任 　遺言執行者の権限の明確化 遺留分制度 　減殺請求権の効力等の見直し 　遺留分算定方法の見直し 　遺留分侵害額の算定時の債務の取扱い 相続の効力等に関する見直し 特別の寄与 提出　平成30年3月13日 成立　平成30年7月6日 公布　平成30年7月13日	〔原則〕 政令で定める日 ^(注) →平成31年7月1日 〔例外〕 自筆証書遺言の方式の緩和は公布の日から起算して6月を経過した日 →平成31年1月13日
法務局における遺言書の保管等に関する法律	遺言制度 　自筆証書遺言書の保管制度の創設 提出　平成30年3月13日 成立　平成30年7月6日 公布　平成30年7月13日	政令で定める日 →平成32年7月10日

（注）いずれも経過措置がある。

3. 最高裁決定

　最高裁判所の大法廷は、平成25年9月4日に、「平成24年（ク）第984号、第985号遺産分割審判に対する抗告棄却決定に対する特別抗告事件」について、決定をした。

(1)　事案の概要

> 　平成13年7月25日に死亡したAの遺産につき、「Aの嫡出子（その代襲相続人を含む。）である申立人ら」が、「Aの嫡出でない子である相手方ら」に対して、遺産の分割の審判を東京家庭裁判所に申し立てた事件である。

　嫡出子の相続分と非嫡出子の相続分が同等であるか否かが争われた事件であるが、法律的にいえば、民法第900条第4号のただし書き前段の規定（下記の民法の条文中、下線部分を付した箇所）が、日本国憲法第14条第1項の規定に違反するか否かが争われた事件である。

(2)　該当する規定

〔日本国憲法〕

> 第14条　すべて国民は、法の下に平等であつて、人種、信条、性別、社会的身分又は門地により、政治的、経済的又は社会的関係において、差別されない。
> 2　〔略〕
> 3　〔略〕

〔民法〕

（法定相続分）

第900条　同順位の相続人が数人あるときは、その相続分は、次の各号の定めるところによる。

一　子及び配偶者が相続人であるときは、子の相続分及び配偶者の相続分は、各2分の1とする。

二　配偶者及び直系尊属が相続人であるときは、配偶者の相続分は、3分の2とし、直系尊属の相続分は、3分の1とする。

三　配偶者及び兄弟姉妹が相続人であるときは、配偶者の相続分は、4分の3とし、兄弟姉妹の相続分は、4分の1とする。

四　子、直系尊属又は兄弟姉妹が数人あるときは、各自の相続分は、相等しいものとする。ただし、嫡出子でない子の相続分は、嫡出子である子の相続分の2分の1とし、父母の一方のみを同じくする兄弟姉妹の相続分は、父母の双方を同じくする兄弟姉妹の相続分の2分の1とする。（改正により下線部分が削除）

⑶　最高裁判所の判断

　特別抗告審（最高裁判所、平成25年9月4日決定）では、民法900条4号ただし書の規定のうち嫡出でない子の相続分を嫡出子の相続分の2分の1とする部分は、遅くともAの相続が開始した平成13年7月当時において、憲法14条1項に違反していたものであるとし、裁判官全員一致（15人中14人。法務省在職時の公務との関係で一人の裁判官が審理に加わっていない。）の意見で、原決定を破棄し、更に審理を尽くさせるため、原審に差し戻した。

⑷　民法の一部改正

　最高裁判所の大法廷において違憲決定がされたので、行政府と立法府は、その違憲状態を速やかに是正し、国民生活の混乱を回避する必要がある。

直ちに、民法の改正の見直しが着手され、平成25年12月5日、民法の一部を改正する法律が成立し（公布及び施行は、同年12月11日）、嫡出でない子の相続分が嫡出子の相続分と同等になった。具体的には、民法第900条第4号ただし書きのうち、「嫡出子でない子の相続分は、嫡出子である子の相続分の2分の1とし、」の部分が削除された。

4. 最高裁決定の評価

マスコミやインターネット等では、歓迎する意見が多数を占めたと観察される。

他方、自由民主党の法務部会や国会でも審議がされ、最高裁の違憲決定を否定的にとらえる発言もあった。例えば、衆議院法務委員会（平成25年11月15日）での質疑において、質問に立った議員からは、この最高裁大法廷の違憲決定が、法律婚の否定や家族の軽視につながり、法律婚によって保護されるべき家族の利益は物心ともに失われるのではないかとの懸念などが表明された。

また、次のような学者の見解もあった（東北大学大学院法学研究科・水野紀子教授）。

（略）特に現代においては、民法立法時とは産業構造も平均寿命も異なり、被相続人の子供たちはすっかりいい年齢の大人になっていて自力で稼いで生きている時代ですから、遺産を最も必要とするのはそれに生活を依存する生存配偶者です。被相続人夫妻の住居が主たる遺産であった場合、夫の死後、妻の老後の居住権までもが危うくなってきます。今回の決定においては居住権を始めとして生存配偶者保護の立法的措置がなされないまま嫡出でない子の相続分が増えることとなりました。今後の立法に期待したいとは思いますが、現実にはそこまでの細かい措置がなされることは難しいかもしれません。（略）

（東北大学新聞409号、平成25年11月22日）

5. 民法の改正の検討とその必要性

　民法における相続法制の見直しは、昭和55年（1980年）に改正されて以来、30年以上実質的に行われていない。この間、家族のあり方や遺産の分割に関する国民の意識に変化が見られるとの意見が強くある。

　特に、高齢化社会の進展により、片方の配偶者が死亡した場合に、他方の配偶者が高齢者である事例が増加することとなり、残された他方の配偶者の居住権を保護する必要性は高まっているものと考えられる。

　遺言制度についても検討が必要とされている。公正証書遺言の普及を図ろうとする一方で、自筆証書遺言の検認件数が増加している事実があり、その需要に制度面でも対応すべきとの要望もある。また、遺言執行者の権限や任務を明確化し、遺言の執行が適切に行われるための法整備も必要であるとの意見もある。

　さらに、少子化社会の進展は、家庭における介護等のあり方も変容させている。介護の社会化が求められているものの、相続人以外の者が被相続人の療養看護を行う事例も多くあり、相続が開始した際には、相続人以外の者に寄与分は法律的には認められない状態となっている。

　これらの社会情勢の変化や新たな要望等を踏まえ、法制審議会民法（相続関係）部会は、「民法（相続関係）等の改正に関する中間試案」（平成28年6月21日）をとりまとめ、平成28年7月12日に公表し、パブリックコメントの対象とした。

　パブリックコメントを経て、さらに審議を続け、法律案要綱、法律案を経て、第196回国会（常会）にその法律案が提出され、平成30年7月6日に可決成立したのである。

第1章

配偶者の居住権の創設

1 配偶者の居住権を保護するための方策①
—配偶者居住権—

はじめに

(1) 用語の変更

　最初に用語の確認をしておく。「中間試案」の段階では、「短期居住権」及び「長期居住権」と区分していた。改正された民法においては、「配偶者短期居住権」及び「配偶者居住権」となっている。単純に短期と長期で区分できるとは限らず、「短期居住権」よりも短いこととなる「長期居住権」も存在し得ることを踏まえて、文言を「配偶者短期居住権」と「配偶者居住権」としたものである。

〔用語の変更〕

中間試案の段階の表記	民法上の文言
短期居住権	配偶者短期居住権
長期居住権	配偶者居住権

(2) 改正の要点及び必要性

① 改正の要点

　配偶者に係る居住権（配偶者居住権及び配偶者短期居住権）が創設された。

② 改正の必要性

　配偶者の居住権を保護するための方策が必要とされた。敢えて対比的にいえば、配偶者居住権は賃借権類似の法定の債権であり、配偶者短期居住権は使用借権類似の法定の債権であるが、賃借権や使用借権と異なる規律となる部分があることから、改正により法定する必要があった。

⑶ 民法での位置付け

　まず、民法第1028条から第1041条までが削除され、第5編中の第8章と第9章をそれぞれ第9章及び第10章として順送りし、空いたところに、第8章として「配偶者の居住の権利」の章が設けられた。第8章は、「第1節　配偶者居住権」及び「第2節　配偶者短期居住権」で構成される。

　時系列的には、「配偶者短期居住権」が先で、「配偶者居住権」が後になるが、条文に沿って、「配偶者居住権」から、逐条的に、新設条文を確認してゆく。

1. 配偶者居住権

（配偶者居住権）
第1028条　被相続人の配偶者（以下この章において単に「配偶者」という。）は、被相続人の財産に属した建物に相続開始の時に居住していた場合において、次の各号のいずれかに該当するときは、その居住していた建物（以下この節において「居住建物」という。）の全部について無償で使用及び収益をする権利（以下この章において「配偶者居住権」という。）を取得する。ただし、被相続人が相続開始の時に居住建物を配偶者以外の者と共有していた場合にあっては、この限りでない。
　一　遺産の分割によって配偶者居住権を取得するものとされたとき。
　二　配偶者居住権が遺贈の目的とされたとき。
2　居住建物が配偶者の財産に属することとなった場合であっても、他の者がその共有持分を有するときは、配偶者居住権は、消滅しない。
3　第903条第4項の規定は、配偶者居住権の遺贈について準用する。

(1) 配偶者居住権の意義（第1項）

配偶者居住権とは、「配偶者がその居住していた建物（居住建物）の全部について無償で使用及び収益をする権利」のことをいう。

(2) 配偶者が配偶者居住権を取得する要件（第1項）

配偶者が配偶者居住権を取得するためには、次の2つの要件が必要である。

①被相続人の配偶者が被相続人の財産に属した建物に相続開始の時に居住していたこと	
②右のいずれかに該当すること	遺産の分割によって配偶者居住権を取得するものとされたとき
	配偶者居住権が遺贈の目的とされたとき [注]

（注）遺贈には「被相続人と配偶者との間に、配偶者に配偶者居住権を取得させる旨の死因贈与契約があるとき」も含まれる。「死因贈与」について、民法は「贈与者の死亡によって効力を生ずる贈与については、その性質に反しない限り、遺贈に関する規定を準用する。」（民法554）としているからである。

相続人当事者（配偶者を含む。）による分割協議によっても、被相続人が遺言で配偶者に遺贈してもよいので、相続開始時点での必須の要件は、「被相続人の財産に属した建物に相続開始の時に居住していること」である。

なお、条文上、「被相続人との同居」の要件はない（被相続人が老人用の福祉施設で療養生活をしていた場合や、被相続人が何らかの事情で別の場所に居住していた場合等もある。）。

ただし、被相続人が相続開始の時に、居住建物を「配偶者以外の者」（例えば、被相続人の子の一人）と共有していた場合にあっては、こ

の限りでない。次のような場合分けになるものと考えられる。

居住建物の共有関係等		配偶者居住権の取得等
被相続人の単独所有	取得可	本制度の適用する場面として最も想定される事例である。
被相続人と配偶者Aの共有(注1)		配偶者が共有者であるので、配偶者居住権を取得しなくても、配偶者の居住に係る権利は保護される。しかし、配偶者の居住権の保護の観点からは、配偶者居住権を取得することが望ましいと考えられる(注2)。
被相続人と「配偶者以外の者B」の共有	適用不可(注3)	配偶者が居住権を確保するためには、被相続人の持分（所有権）の一部又は全部を取得する必要がある。
被相続人、配偶者A、「配偶者以外の者B」の共有		配偶者が共有者であるので、配偶者の居住に係る権利は保護される(注4)。

(注1) 相続開始前から配偶者が居住建物について共有持分を有していた場合や、配偶者が相続により居住建物の共有持分を取得した場合にも配偶者居住権の成立が認められる。

(注2)「共有物の使用」について、「各共有者は、共有物の全部について、その持分に応じた使用をすることができる。」（民法249）ので、共有者は各自が共有不動産を使用することができる。したがって、配偶者は、居住不動産の「全部」について使用することができる。

　この点について、配偶者が居住建物の共有持分を有している場合には、自己の持分に基づいて居住建物を使用することができるから、配偶者居住権を成立させる必要はないとの考え方もあり得るところである。

　しかし、このような場合であっても、他の共有者から使用料相当額の不当利得返還請求又は共有物分割請求がされた場合には、配偶者が居住建物での居住を継続することができなくなるおそれがあるので、配偶者居住権の成立を認める必要性がある。配偶者居住権は、配偶者の従前の住居における生活を保護しようとするものであるから、配偶者に従前どおり居住建物に無償で居住することを認めるた

めに、配偶者が居住建物の共有持分を有する場合であっても、配偶者居住権を取得することができることとされた。

(注3)「被相続人が相続開始の時に居住建物を配偶者以外の者と共有していた場合」には、配偶者居住権の成立が除外される。「配偶者以外の者B」が、被相続人の伯父、妹、全くの第三者である場合等を想定すると、これらの者の共有持分に新たに配偶者居住権を成立させることは相当でないからである。

(注4) この場合の保護は限定的である（注2を参照）。

⑶ 配偶者居住権の発生後の規律（第2項）

　被相続人の居住建物について、配偶者Ａが配偶者居住権を取得し、子Ｃ及び子Ｄが「長期居住権に制約された所有権」を取得することとなった（子Ｃ及び子Ｄは、自己が所有権者となる不動産に配偶者Ａが配偶者居住権を設定することを分割協議において同意した場合とする。）。その後、子Ｄの持分（所有権）が、その原因（売買・相続・贈与など）を問わず、配偶者の財産に属することとなった場合であっても、他の者（子Ｃ）がその共有持分を有しているので、配偶者居住権は、消滅しない。

　上記⑵の（注2）にある通り、配偶者が居住建物の共有持分を有する場合であっても、他の共有者が配偶者に対して不当利得返還請求をしたり、共有物分割を求めたりすることで、配偶者が居住建物に居住することができなくなることがあり得る。したがって、配偶者が居住建物の共有持分を取得した場合であっても、配偶者居住権を存続させる必要があることとされた。これは、「借地権が借地権設定者に帰した場合であっても、他の者と共にその借地権を有するときは、その借地権は、消滅しない。」（借地借家法15②）と同様の規律である。

⑷ 持戻し免除の意思の推定（第3項）

　民法第903条第4項の規定（持戻し免除の意思の推定規定：創設）
は、配偶者居住権の遺贈について準用される（後述）。

2. 審判による配偶者居住権の取得

　上記**1.**は当事者の意思（分割協議又は遺言）によるものであるが、
その他に、家庭裁判所の審判により、配偶者居住権を取得することも
できる。

> （審判による配偶者居住権の取得）
> 第1029条　遺産の分割の請求を受けた家庭裁判所は、次に掲げる場
> 　合に限り、配偶者が配偶者居住権を取得する旨を定めることができ
> 　る。
> 　一　共同相続人間に配偶者が配偶者居住権を取得することについて
> 　　合意が成立しているとき。
> 　二　配偶者が家庭裁判所に対して配偶者居住権の取得を希望する旨
> 　　を申し出た場合において、居住建物の所有者の受ける不利益の程
> 　　度を考慮してもなお配偶者の生活を維持するために特に必要があ
> 　　ると認めるとき（前号に掲げる場合を除く。）。

　第1号は、「共同相続人間に配偶者が配偶者居住権を取得すること
について合意が成立している」が、他の財産についての分割協議が調
わない場合を想定すればよい。例えば、「お母さんには配偶者居住権
により、その家に住み続けてもらいたいけれど、他の財産の分割につ
いては、当事者で話し合えない。」というような場面である。

　第2号は、まず、配偶者が単独で家庭裁判所に配偶者居住権を取得
したい旨を申し出ることができることを示している。次に、家庭裁判
所は、居住用建物が「配偶者居住権に制約された所有権」となること

により、居住用建物の所有者が不利益を受けたとしても、「配偶者の生活を維持するために特に必要」と認めた場合に限り、配偶者が配偶者居住権を取得する旨を定めることができるとしている。「特に必要」の程度は、今後の事例の積み上げによることになる。

3. 配偶者居住権の存続期間

（配偶者居住権の存続期間）
第1030条　配偶者居住権の存続期間は、配偶者の終身の間とする。ただし、遺産の分割の協議若しくは遺言に別段の定めがあるとき、又は家庭裁判所が遺産の分割の審判において別段の定めをしたときは、その定めるところによる。

　配偶者居住権の存続期間は、原則として、配偶者の終身の間である。
　仮に、配偶者居住権の存続期間を定めることを原則とすると、被相続人が単独行為である遺贈によって配偶者居住権を設定しようとする場合に、その存続期間が定められていないことを理由として、他の相続人から無効が主張される余地を残すことになり、配偶者の保護に欠ける事態が生ずる懸念がある。また、遺言者が遺言においてその存続期間を特に定めずに、配偶者に配偶者居住権を取得させることとした場合には、配偶者が望む限りその建物の使用を認める趣旨を有していた場合が多いようにも思われる。したがって、配偶者居住権の存続期間は、原則として、終身の間とされた。

　もっとも、他の相続財産の状況[注]、配偶者のための新たな居住建物の準備状況、老人ホームへの入居予定などにより、存続期間を限定（設定）してもよい。

（注）配偶者居住権は一定の方法で評価される。例えば、配偶者が、遺産分割協議により、終身の配偶者居住権を取得した場合には、その財産

第1章 配偶者の居住権の創設

的価値に相当する金額を相続したものと扱われるが、結果として、流動資産など他の財産をわずかしか取得できないこととなる場合には、かえって配偶者の不利益になる事態も生じ得る。その場合には、存続期間を限定することを検討することになる。

4. 配偶者居住権の効力

（配偶者居住権の登記等）
第1031条　居住建物の所有者は、配偶者（配偶者居住権を取得した配偶者に限る。以下この節において同じ。）に対し、配偶者居住権の設定の登記を備えさせる義務を負う。
2　第605条の規定は配偶者居住権について、第605条の4の規定は配偶者居住権の設定の登記を備えた場合について準用する。

(1) 登記請求権

被相続人から居住建物の所有権を取得した者（例えば、被相続人の子）は、配偶者居住権を取得した配偶者に対して、配偶者居住権の設定の登記を備えさせる義務を負うこととした。

「売主は、買主に対し、登記、登録その他の売買の目的である権利の移転についての対抗要件を備えさせる義務を負う。」（民法560：債権法改正により新設）と同様の規律である。

配偶者居住権の登記手続については、配偶者の単独申請を認めることは不動産登記法の考え方に整合しないこと等の理由から、原則通り、居住建物の所有者が登記義務者となる。ただし、登記義務者に対して配偶者居住権の登記義務を命ずる審判が確定した等の場合には、配偶者は単独で配偶者居住権の登記を申請することができると考えられる（民事執行法174①本文）。

17

⑵ 第三者対抗要件

　第605条の規定（不動産賃貸借の対抗力）は配偶者居住権について、第605条の4の規定（不動産の賃借人による妨害の停止の請求等）は、配偶者居住権の設定の登記を備えた場合について準用する。

　該当する条文は次のとおりである。いずれも債権法改正で改正又は新設されたものである（施行日は、平成32年（2020年）4月1日である。）。配偶者居住権が賃借権に類似していることを示すものである。

（不動産賃貸借の対抗力）

第605条　不動産の賃貸借は、これを登記したときは、その不動産について物権を取得した者<u>その他の第三者に対抗することができる。</u>

〔下線部分が改正により追加変更〕

（不動産の賃借人による妨害の停止の請求等）

第605条の4　不動産の賃借人は、第605条の2第1項に規定する対抗要件を備えた場合において、次の各号に掲げるときは、それぞれ当該各号に定める請求をすることができる。

　一　その不動産の占有を第三者が妨害しているとき　その第三者に対する妨害の停止の請求

　二　その不動産を第三者が占有しているとき　その第三者に対する返還の請求

〔新設〕

（不動産の賃貸人たる地位の移転）

第605条の2　前条、借地借家法〔中略〕第10条又は第31条その他の法令の規定による賃貸借の対抗要件を備えた場合において、その不動産が譲渡されたときは、その不動産の賃貸人たる地位は、その譲受人に移転する。

2～4　〔略〕

〔新設〕

第1章 配偶者の居住権の創設

　配偶者居住権の第三者対抗要件は登記である。用語を補足しつつ民法第605条を読み替えると、配偶者は、配偶者居住権が登記されたときは、その居住用不動産について物権^(注)を取得した者その他の第三者に対抗することができる。簡単に言えば、所有権が第三者に移転した場合においても、配偶者は、配偶者居住権が登記されていることにより、その居住家屋に居住し続けることができるのである。

(注) 物権とは人が物を直接的に支配する権利であり、債権と同様に財産権の一つである。民法上の物件には、所有権、地上権、地役権、抵当権、占有権などがある。この文脈においては、所有権として理解すると分かりやすい。

　民法第605条の4の準用により、配偶者居住権が登記された場合には、「配偶者が居住建物の占有すること」を第三者が妨害しているときは、妨害の停止の請求をすることができ、第三者が居住建物を占有しているときは、返還の請求をすることができることになる。

(3) 配偶者居住権の財産性

　配偶者居住権は賃借権類似の法定の債権であるが、配偶者短期居住権と異なり（後述）、居住建物の所有者は、配偶者に対し、配偶者居住権の設定の登記を備えさせる義務を負う。そして、配偶者居住権は、これが登記されたときは、居住建物について物権を取得した者その他の第三者に対抗することができることになる。

　また、配偶者居住権の存続期間は、原則として、配偶者の終身の間とされ、居住建物が配偶者の財産に属することとなった場合であっても、他の者がその共有持分を有するときは、配偶者居住権は消滅しない。

　このように、配偶者居住権については、強度に財産性が認められている。

⑷ 配偶者居住権の評価

　配偶者が配偶者居住権を取得した場合には、その財産的価値に相当する価額を相続したこととなる。その財産評価方法については、今後の検討課題であるが、次の①～③の方法が示されている。

①　中間試案

　中間試案の補足説明では、部会で検討された次の算定方法が紹介されていた。

【計算式1】

　配偶者居住権[注] の評価額

　　＝建物賃借権の評価額＋（建物の賃料相当額×存続期間－中間利息額）

（注）この段階では、「配偶者居住権」を「長期居住権」と称していた。

②　不動産鑑定士協会連合会の提案

　公益社団法人日本不動産鑑定士協会連合会は、参考人として、第19回会議（平成29年3月28日）において「『配偶者居住権についての具体例』についての意見」を提出した。理論的に精緻なものであり、配偶者居住権の理論的な評価方法として参考となる。会議資料のアドレスにて参照されたい。（http://www.moj.go.jp/shingi1/shingi04900313.html）

③　配偶者居住権の簡易な評価方法について

　実務で利用されるためには、理論的に精緻な計算方法よりも、一定の合理性が認められる。簡易な評価方法が必要である。その点、第19回部会資料「配偶者居住権の簡易な評価方法」は、「配偶者居住権の財産評価につき簡易な方法を用いることについて相続人全員の合意がある場合に利用されること」を前提として提案されたものである。今後の検討の際の基本になるものと考えられる。その概要は次のとおりであり、建物の評価と敷地権の評価方法に区分されている。

第1章 配偶者の居住権の創設

〔建物の評価〕

【建物の価額】＝【配偶者居住権付所有権の価額】＋【配偶者居住権の価額】		
建物の価額	固定資産税評価額	
配偶者居住権付所有権の価額^(注1)	固定資産税評価額×【A】×ライプニッツ係数（注4）	
	A	$\dfrac{法定耐用年数－（経過年数＋存続年数（注3））}{法定耐用年数（注2）－経過年数}$
配偶者居住権の価額	固定資産税評価額－配偶者居住権付所有権の価額	

（注1）計算結果がマイナスとなる場合には、0円とする。

（注2）法定耐用年数は「減価償却資産の耐用年数等に関する省令」に基づく。

（注3）配偶者居住権の存続期間が終身である場合には、簡易生命表記載の平均余命の値を使用する。

（注4）ライプニッツ係数は以下のとおりとなる（小数第4位以下四捨五入）。

存続年数	債権法改正後（3%）	現行法（5%）
5年	0.863	0.784
10年	0.744	0.614
15年	0.642	0.481
20年	0.554	0.377
25年	0.478	0.295
30年	0.412	0.231

〔敷地利用権の評価〕

　居住建物が一戸建てである場合には、配偶者は、配偶者居住権の存続期間中は居住建物の敷地を排他的に使用することとなるため、敷地利用権について借地権等と同様の評価をする。

　すなわち、土地にも配偶者居住権が及ぶこととしているのである。

　敷地利用権については、次の評価方法が示されている。

甲案（ライプニッツ係数を利用）

① 配偶者居住権付敷地の価額

　　＝敷地の固定資産税評価額〔÷0.7〕×ライプニッツ係数

② 配偶者居住権に基づく敷地利用権

　　＝敷地の固定資産税評価額〔÷0.7〕－配偶者居住権付敷地の価額

　　（＝敷地の固定資産税評価額〔÷0.7〕×（1－ライプニッツ係数））

乙案（敷地利用権割合を新たに策定）

① 配偶者居住権付敷地の価額

　　＝敷地の固定資産税評価額〔÷0.7〕×（1－敷地利用権割合[注]）

② 配偶者居住権に基づく敷地利用権の価額

　　＝敷地の固定資産税評価額〔÷0.7〕×敷地利用権割合

（注）なお、敷地利用権割合は、配偶者居住権の存続期間に応じ次のように示されている（仮案）。以下のとおりとする。

存続期間	敷地利用権割合
5年以下	20%
5年超　10年以下	30%
10年超15年以下	40%
15年超20年以下	50%
20年超25年以下	60%
25年超30年以下	70%
30年超35年以下	80%
35年超40年以下	90%
40年超	95%

⑸　配偶者居住権に係る税務上の評価方法

　配偶者居住権に係る税務上の評価方法は、国税庁が財産評価基本通達又は個別通達等で示されることになるであろう。

　配偶者居住権の趣旨から判断すると、課税上の弊害も考慮しつつ、その評価額はできる限り低くすることが望ましいと考えられる。

　また、例えば、建物については、「配偶者居住権の価額＝固定資産

税評価額－配偶者居住権付所有権の価額」の算式を維持した上で、配偶者居住権の価額は、建物の評価額の一定割合（例えば、70%～80%）を上限とすること等も検討すべきであろう。

さらに、配偶者居住権が消滅した場合の課税関係についても検討が必要である。具体的には、配偶者の死亡により、配偶者居住権は消滅する。そうすると、配偶者居住権により制約されていた居住建物及びその敷地（土地）は、それぞれ完全な所有権となり、それらの所有者は、「経済的利益」を受けたことになる。この場合の、課税関係をどのように規律するのかも検討項目となるであろう。

5. 配偶者による使用及び収益

（配偶者による使用及び収益）

第1032条　配偶者は、従前の用法に従い、善良な管理者の注意をもって、居住建物の使用及び収益をしなければならない。ただし、従前居住の用に供していなかった部分について、これを居住の用に供することを妨げない。

2　配偶者居住権は、譲渡することができない。

3　配偶者は、居住建物の所有者の承諾を得なければ、居住建物の改築若しくは増築をし、又は第三者に居住建物の使用若しくは収益をさせることができない。

4　配偶者が第一項又は前項の規定に違反した場合において、居住建物の所有者が相当の期間を定めてその是正の催告をし、その期間内に是正がされないときは、居住建物の所有者は、当該配偶者に対する意思表示によって配偶者居住権を消滅させることができる。

(1) 使用及び収益

① 配偶者による使用

配偶者は、従前の用法に従い、善良な管理者の注意をもって、居住建物を使用しなければならない。当然の規定である。

ただし、従前に居住の用に供していなかった部分についても、居住建物の所有者の承諾を得ることなく、これを居住の用に供することが認められる。例えば、被相続人となった者が1階で物販店を行っており、2階が被相続人と配偶者の住居であったところ、被相続人の死亡により物販店を店仕舞いして、配偶者が配偶者居住権を取得した場合を想定するとよい。

② 配偶者による収益

上記の例で、配偶者が引き続き、1階で自らが事業者となって物販店を行い、2階を住居とする場合、2階が「使用」であり、1階が「収益」となる。

③ 居住建物の増改・改築等

配偶者は、居住建物の所有者の承諾を得なければ、居住建物の改築若しくは増築をし、又は第三者に居住建物の使用若しくは収益をさせることができない。反対に言えば、居住建物の所有者の承諾がある場合には、配偶者は、増改築をしたり、第三者に居住建物の使用又は収益をさせたりすることができる。

④ 配偶者短期居住権との相違

配偶者短期居住権の場合と異なり、配偶者居住権については、「配偶者による使用及び収益」及び「第三者による適法な使用又は収益」が許容されている。

その理由は、配偶者による投下資本（配偶者居住権は、財産評価の対象となり、配偶者の具体的相続分の範囲内で取得されるものである

ので、「配偶者による投下資本」と考えられる。）を回収の問題を解決
させるためである。

したがって、「配偶者による収益」又は「第三者による使用又は収益」
がある場合には、その態様に応じて、配偶者に事業所得、不動産所得、
雑所得などが発生することになる。

⑤ 配偶者居住権の消滅事由

配偶者が上記①～③の内容に違反した場合において、居住建物の所
有者が相当の期間を定めてその是正の催告をし、その期間内に是正が
されないときは、居住建物の所有者は、当該配偶者に対する意思表示
によって配偶者居住権を消滅させることができる。実質的には、予防
規定として機能するものと考えられる。

⑵ 譲　渡

① 非譲渡性

配偶者居住権は、譲渡することができない。

配偶者居住権は賃借権類似の法定の債権であり、債権には原則とし
て譲渡性がある。そこで、債権の一種である配偶者居住権について、
譲渡が禁止されることを明らかにするため、明文の規定が設けられた。

この民法第1032条第2項は、民法第1041条で配偶者短期居住権に
準用されている。

② 譲渡不可となった経緯

第25回部会では、居住建物の所有者の承諾がある場合には、配偶
者居住権を譲渡することができることとしていた。第26回部会では、
投下資本の回収方法として、「建物所有者に買い取ってもらうこと」
が示されていた。この記載に基づけば、第三者への譲渡は認められな
いが、建物所有者への譲渡は認められることになる。結果として、法
案及び成立した改正法では、譲渡不可となった。

③ 譲渡不可の理由

〔配偶者居住権の制度趣旨からの考察〕

　配偶者居住権は配偶者自身の居住環境の継続性を保護するためのものであるから、第三者に対する配偶者居住権の譲渡を認めることは、制度趣旨との関係で必ずしも整合的であるとはいえず、法制的にも問題があるものと考えられる。

〔回収可能性の観点からの考察〕

　配偶者居住権は配偶者の死亡によって消滅する債権であり、継続性の点で不安定であることから、実際に配偶者居住権を売却することができる場面は必ずしも多くないと考えられる。また、投下資本の回収の観点からは、居住建物の所有者の承諾を得た上で第三者に居住建物を賃貸することも選択肢として残されている。

　以上をまとめると次のようになる。

〔配偶者居住権に係る使用収益と譲渡〕

配偶者による使用収益	このための制度創設であり、従前に居住の用に供していなかった部分についても、居住の用に供することができる。なお、善管注意義務は課せられる。
第三者による使用収益、改築・増築	居住建物の所有者の承諾が必要となる。
譲渡	譲渡不可である。

④ 税務上の視点

　実務上の問題として、配偶者と建物所有者が、それぞれ配偶者居住権と「配偶者居住権に制約された所有権」を同時に第三者に譲渡する場合が想定される。しかし、配偶者居住権が譲渡できないものであれば、配偶者が配偶者居住権を消滅させた後に、建物所有者が完全な所有権を第三者に譲渡することになると考えられる。この場合の課税関係はどのようになるのであろうか。「配偶者居住権に制約された所有

権」が「完全な所有権」となり、その所有権者が売買代金の全額を収受する場合には、配偶者から経済的利益の移転があったと認識する必要がある。

　この点、税務上は、配偶者居住権と「配偶者居住権に制約された所有権」を一体として第三者に譲渡し、その代金を配偶者と所有者が一定の方法で分配をすることにより解決が可能と思われる。あるいは、配偶者居住権は債権の一種であるので、放棄することが可能であり、消滅の対価を収受することが認められる余地もある。いずれにしても、課税上の取り扱いを明らかにしておくべき分野であるので、今後の検討課題となるであろう。

6. 建物の修繕等

（居住建物の修繕等）

第1033条　配偶者は、居住建物の使用及び収益に必要な修繕をすることができる。

2　居住建物の修繕が必要である場合において、配偶者が相当の期間内に必要な修繕をしないときは、居住建物の所有者は、その修繕をすることができる。

3　居住建物が修繕を要するとき（第一項の規定により配偶者が自らその修繕をするときを除く。）、又は居住建物について権利を主張する者があるときは、配偶者は、居住建物の所有者に対し、遅滞なくその旨を通知しなければならない。ただし、居住建物の所有者が既にこれを知っているときは、この限りでない。

（居住建物の費用の負担）

第1034条　配偶者は、居住建物の通常の必要費を負担する。

2　第583条第2項の規定は、前項の通常の必要費以外の費用について準用する。

(1) 居住建物の修繕

　居住建物の修繕については、所有者と配偶者のいずれに修繕義務を課するのが適切であるのかについて審議された。結果、居住している配偶者にとっては即時の修繕が必要となることが通例であること、第一次的な修繕方法を決めるのは配偶者が相当であること、紛争の恐れがある事案では配偶者を退去させる口実に使用される理由となり得ること、そして、配偶者に「居住建物の通常の必要費」（民法1034①）を負担せることとの平仄を考えると、配偶者に「修繕の義務」ではなく、「第一次的な修繕権」を認めることとなった。

　そして、居住建物の修繕が必要である場合において、配偶者が相当の期間内に必要な修繕をしないときは、居住建物の所有者は、その修繕をすることができるとして、所有者に「第二次的な修繕権」を認めることとした。

　なお、居住建物が修繕を要するとき（配偶者が自らその修繕をするときを除く。）は、配偶者は、居住建物の所有者に対し、遅滞なくその旨を通知しなければならないとして、配偶者が自ら修繕をすることができない場合や、建物所有者の意向を聴くべきであるような場合などには、「所有者への通知義務」を課すこととなった。

(2) 「通常の必要費」の負担

　配偶者は、固定資産税や通常の修繕費などの居住建物に係る「通常の必要費」を負担する。「通常の必要費」とは、一般的に、目的物についての公租公課、現状維持的な保存に必要な補修費や修繕費などとされている。

⑶ 「通常の必要費以外の費用」の支出

　配偶者が居住建物について「通常の必要費以外の費用」を支出した
ときは、各共同相続人は、民法第196条の規定に従い、その相続分に
応じて、配偶者に対してその償還をしなければならない。該当条文は
次のとおりである。

　（占有者による費用の償還請求）

第196条　占有者が占有物を返還する場合には、その物の保存のため
　　に支出した金額その他の必要費を回復者から償還させることができ
　　る。ただし、占有者が果実を取得したときは、通常の必要費は、占
　　有者の負担に帰する。

2　占有者が占有物の改良のために支出した金額その他の有益費につ
　　いては、その価格の増加が現存する場合に限り、回復者の選択に従
　　い、その支出した金額又は増価額を償還させることができる。ただ
　　し、悪意の占有者に対しては、裁判所は、回復者の請求により、そ
　　の償還について相当の期限を許与することができる。

　（買戻しの実行）

第583条　売主は、第580条に規定する期間内に代金及び契約の費
　　用を提供しなければ、買戻しをすることができない。

2　買主又は転得者が不動産について費用を支出したときは、売主は、
　　第196条の規定に従い、その償還をしなければならない。ただし、
　　有益費については、裁判所は、売主の請求により、その償還につい
　　て相当の期限を許与することができる。

〔いずれも改正ナシ〕

　「通常の必要費以外の費用」とは、臨時の必要費（不慮の風水害に
よる家屋の修繕費等）及び有益費（リフォーム工事費用等）である。

　なお、有益費については、他の相続人の請求により、裁判所が相当
の期限を許容することができることになっている。

一般的に居住建物に係る費用は必要費と有益費に区分され、必要費は通常の必要費と臨時の必要に区分され、概ね次のようになる。

〔居住建物に係る費用の区分〕

区　分			具　体　例
必要費	通常の必要費		公租公課・通常の修繕費
	臨時の必要費	通常の必要費以外の費用	不慮の風水害等による家屋の修繕費
	有益費		リフォーム工事費用

なお、民法第1033条と1034条は、民法第1041条で配偶者短期居住権に準用されている。

⑷　税務との関係

上記⑶の通り、配偶者が死亡した場合において、上記⑶の償還金が精算されていないときは、未精算の償還金は配偶者の未収入金となる。

また、配偶者の死亡により、配偶者居住権が消滅すると同時に、配偶者の相続人は配偶者の債務を承継することになる。

したがって、第三者に対して修繕費等の債務が確定している場合には、他の通常の債務と同様に、相続人がその債務を原則として法定相続割合で承継することになる。

▍7. 居住建物の返還等

（居住建物の返還等）

第1035条　配偶者は、配偶者居住権が消滅したときは、居住建物の返還をしなければならない。ただし、配偶者が居住建物について共有持分を有する場合は、居住建物の所有者は、配偶者居住権が消滅したことを理由としては、居住建物の返還を求めることができない。

2　第599条第1項及び第2項並びに第621条の規定は、前項本文の

規定により配偶者が相続の開始後に附属させた物がある居住建物又は相続の開始後に生じた損傷がある居住建物の返還をする場合について準用する。

（使用貸借及び賃貸借の規定の準用）

第1036条　第597条第1項及び第3項、第600条、第613条並びに第616条の2の規定は、配偶者居住権について準用する。

⑴　居住建物の返還

　配偶者居住権が消滅した場合には、配偶者は、その居住建物を所有者に明け渡さなければならない。

　配偶者が死亡したとき（配偶者居住権が終身の場合）、配偶者居住権の存続期間が経過したとき、又は配偶者が居住建物の用法順守義務や善管注意義務に違反した場合において建物所有者が配偶者居住権の消滅を意思表示したときに、配偶者居住権は消滅する。配偶者が死亡した場合は当然に配偶者の居住はなくなるが、他の事由による場合も、所有者は、配偶者居住権に制約されない所有権を有すると同時に、配偶者による居住の状態も解消されることになる。

　ただし、配偶者が居住建物に共有持分を有する場合は、配偶者は居住建物を明け渡す必要はない。自己が所有する持分に基づいて、居住し続けることができる。

⑵　原状回復義務等

　準用規定は次のとおりである。

（借主による収去等）

第599条　借主は、借用物を受け取った後にこれに附属させた物がある場合において、使用貸借が終了したときは、その附属させた物を収去する義務を負う。ただし、借用物から分離することができない

物又は分離するのに過分の費用を要する物については、この限りで
　　　ない。〔新設〕

　2　借主は、借用物を受け取った後にこれに附属させた物を収去する
　　　ことができる。〔新設〕

　3　〔略〕

　　　（賃借人の原状回復義務）

第621条　賃借人は、賃借物を受け取った後にこれに生じた損傷（通
　　　常の使用及び収益によって生じた賃借物の損耗並びに賃借物の経年
　　　変化を除く。以下この条において同じ。）がある場合において、賃
　　　貸借が終了したときは、その損傷を原状に 復する義務を負う。ただ
　　　し、その損傷が賃借人の責めに帰することができない事由によるも
　　　のであるときは、この限りでない 。〔全文改正〕

　いずれも改正債権法の規定である（次の⑶においても同じ。）。これ
らを読み替えると、次のようになる。

①　附属物の収去義務

　配偶者は、配偶者居住権を取得した後にこれに附属させた物がある
場合において、配偶者居住権が終了したときは、その附属させた物を
収去する義務を負う。ただし、居住建物から分離することができない物
又は分離するのに過分の費用を要する物については、この限りでない。

　配偶者は、配偶者居住権を取得した後にこれに附属させた物を収去
することができる。

②　配偶者の原状回復義務

　配偶者は、配偶者居住権を取得した後にこれに生じた損傷（通常の
使用及び収益によって生じた居住建物の損耗並びに居住建物の経年変
化を除く。）がある場合において、配偶者居住権が消滅したときは、
その損傷を原状に復する義務を負う。ただし、その損傷が配偶者の責
めに帰することができない事由によるものであるときは、この限りで

ない。

　上記①②のいずれの場合においても、配偶者が死亡している場合は、その相続人が義務を承継することになる。

⑶　配偶者居住権の期間満了等

　該当条文は次のとおりである。

（期間満了等による使用貸借の終了）

第597条　当事者が使用貸借の期間を定めたときは、使用貸借は、その期間が満了することによって終了する。〔新設〕

2　〔略〕

3　使用貸借は、借主の死亡によって終了する。〔新設〕

（損害賠償及び費用の償還の請求権についての期間の制限）

第600条　契約の本旨に反する使用又は収益によって生じた損害の賠償及び借主が支出した費用の償還は、貸主が返還を受けた時から一年以内に請求しなければならない。〔改正ナシ〕

2　前項の損害賠償の請求権については、貸主が返還を受けた時から一年を経過するまでの間は、時効は、完成しない。〔新設〕

（転貸の効果）

第613条　賃借人が適法に賃借物を転貸したときは、転借人は、賃貸人と賃借人との間の賃貸借に基づく賃借人の債務の範囲を限度として、賃貸人に対して転貸借に基づく債務を直接履行する義務を負う。この場合においては、賃料の前払をもって賃貸人に対抗することができない。〔下線部分が改正箇所〕

2　前項の規定は、賃貸人が賃借人に対してその権利を行使することを妨げない。〔改正ナシ〕

3　賃借人が適法に賃借物を転貸した場合には、賃貸人は、賃借人との間の賃貸借を合意により解除したことをもって転借人に対抗することができない。ただし、その解除の当時、賃貸人が賃借人の債務不履行による解除権を有していたときは、この限りでない。〔新設〕

（賃借物の全部滅失等による賃貸借の終了）

第616条の2　賃借物の全部が滅失その他の事由により使用及び収益をすることができなくなった場合には、賃貸借は、これによって終了する。〔新設〕

読み替えると次のようになる。

① 期間満了による配偶者居住権の終了

配偶者居住権に存続期間が定められたときは、配偶者居住権は、その期間が満了することによって終了する。

② 配偶者の死亡による終了

配偶者居住権は、配偶者の死亡によって終了する。

③ 損害賠償及び費用の償還の請求権についての期間の制限

契約の本旨に反する使用又は収益によって生じた損害の賠償及び配偶者が支出した費用の償還は、居住建物の所有者が返還を受けた時から1年以内に請求しなければならない。その損害賠償の請求権については、居住建物の所有者が返還を受けた時から1年を経過するまでの間は、時効は、完成しない。

④ 転貸の効果

簡記にとどめるが、配偶者が適法に配偶者居住権を転貸したときは、「転貸の効果」に関する規定が準用される。

⑤ 居住建物の全部滅失等による配偶者居住権の終了

居住建物の全部が滅失その他の事由により使用 及び収益をすることができなくなった場合には、配偶者居住権は、これによって終了する。

8. 税理士の助言業務

(1) 配偶者居住権の評価

継続的な顧問契約をしており、相続税の申告が必要になると見込ま

れる納税者については、適宜のタイミングで相続財産の棚卸とそれらの評価をしていることが多い。その場合には、今後は追加情報として、配偶者居住権の評価もしておくことが必要となる。

(2) 居住建物の評価の変動

相続税法上の建物の評価額は、原則として、固定資産税評価額に1.0倍した金額である。

配偶者が高齢であること等から、耐震・バリアフリー・省エネ等のリフォームを行う事例がある。これらは有益費の支出であり、上述の通り償還することになる。有益費の支出があると、家屋の固定資産税評価額は、通常、増加することになる。しかし、家屋について増改築を行っても、固定資産税に係る課税実務の実態として、家屋の固定資産税評価額が改訂されないことが多く、その場合には、固定資産税評価額に増改築に係る家屋の状況が反映されていないことになる。

そのような場合であっても、「増改築等に係る部分の再建築価額」から「課税時期までの間における償却費相当額」を控除した価額の100分の70に相当する金額（A）を「増改築等に係る部分以外の部分に対応する固定資産税評価額」（要するに、評価証明上の固定資産税評価額）（B）に加算すること等により、「居住建物の適切な固定資産税評価額」（A＋B）を算定することになる（配偶者居住権固有の項目ではないので、具体的な方法は省略する。）。

したがって、配偶者居住権が存在する期間に行った有益費に係る価値の増加部分については、居住建物の価値を増加させていることに留意が必要である。この考え方は、それ自体は評価することのない配偶者短期居住権が存在する場合についても同様である。

⑶ 二次相続等の検討

　配偶者居住権の評価方法等が確定すると、配偶者居住権を発生させた場合のその金額、配偶者の税額軽減額の適用との関係、配偶者の二次相続の場合のシミュレーション等について検討することになる。

　また、例えば、再婚した夫婦（A・B）にそれぞれに実子（Aの子C、Bの子D）がいる場合には、居住用建物及びその敷地に関しては、この配偶者居住権を利用することにより、実質的に後継ぎ遺贈と同様の効果を得ることが可能となる。配偶者居住権は再婚した配偶者Bに、「配偶者居住権に制約された所有権」は実子Cにそれぞれ相続させる旨の遺言により、Bは居住し続けることが認められるが、Bが死亡した場合には、居住建物の完全な所有権はCが取得することになる。これらを多角的に助言するのが税理士の役割となる。

｜｜第1章｜配偶者の居住権の創設｜｜

2 配偶者の居住権を保護するための方策②
─配偶者短期居住権─

　配偶者の居住権について判断している最高裁判決（平成8年12月17日）は、配偶者の居住権を短期的に保護する旨の判断を示したものとされている。しかし、「特段の事情のない限りの推認」であり、当事者間の合理的な意思解釈に基づくことを前提としたものとされているので、例外なく用いることはできない。その限界を補うものが、配偶者短期居住権の規律であると考えられる。

　以下、配偶者居住権と同様に、配偶者短期居住権についても、逐条的に解説する。

1. 配偶者短期居住権

（配偶者短期居住権）

第1037条　配偶者は、被相続人の財産に属した建物に相続開始の時に無償で居住していた場合には、次の各号に掲げる区分に応じてそれぞれ当該各号に定める日までの間、その居住していた建物（以下この節において「居住建物」という。）の所有権を相続又は遺贈により取得した者（以下この節において「居住建物取得者」という。）に対し、居住建物について無償で使用する権利（居住建物の一部のみを無償で使用していた場合にあっては、その部分について無償で使用する権利。以下この節において「配偶者短期居住権」という。）を有する。ただし、配偶者が、相続開始の時において居住建物に係る配偶者居住権を取得したとき、又は第891条の規定に該当し若しくは廃除によってその相続権を失ったときは、この限りでない。

　一　居住建物について配偶者を含む共同相続人間で遺産の分割をすべき場合　遺産の分割により居住建物の帰属が確定した日又は相続開始の時から6箇月を経過する日のいずれか遅い日

37

二　前号に掲げる場合以外の場合　第3項の申入れの日から6箇月
　　を経過する日
2　前項本文の場合においては、居住建物取得者は、第三者に対する
　居住建物の譲渡その他の方法により配偶者の居住建物の使用を妨げ
　てはならない。
3　居住建物取得者は、第1項第1号に掲げる場合を除くほか、いつ
　でも配偶者短期居住権の消滅の申入れをすることができる。

⑴　配偶者短期居住権の意義

　配偶者短期居住権とは、居住建物について無償で使用する権利（居
住建物の一部のみを無償で使用していた場合にあっては、その部分に
ついて無償で使用する権利）をいう。

⑵　配偶者短期居住権が認められない場合

　配偶者が、相続開始の時において居住建物に係る配偶者居住権を取
得したとき、又は民法第891条の規定（相続人の結核事由）に該当し
若しくは廃除によってその相続権を失ったとき（民法892条、893条
が該当する。）は、この限りでない。

⑶　配偶者短期居住権の存続期間

区　分	配偶者が配偶者短期居住権を有する期間	
居住建物について配偶者を含む共同相続人間で遺産の分割をすべき場合	遺産の分割により居住建物の帰属が確定した日	いずれか遅い日までの間
	相続開始の時から6か月を経過する日	
上記以外の場合（第3項）	居住建物の所有権を相続又は遺贈により取得した者が「配偶者短期居住権の消滅」の申入れをした日から6か月を経過する日までの間	

「居住建物について配偶者を含む共同相続人間で遺産の分割をすべき場合」以外の場合には、留意が必要である。この場合、配偶者が配偶者短期居住権を有するのは、居住建物の所有権を相続又は遺贈により取得した者が「配偶者短期居住権の消滅」の申入れをした日から6か月を経過する日までの間である。例えば、遺贈により、居住建物を取得した者が相続開始の直後に配偶者短期居住権の消滅の申入れをする場合が考えられる。

　このような場合には、配偶者の住居をどのようにするのかについての話合い又は一部分割の協議が必要となる。税理士は、その旨の助言をすることが求められる。

⑷　居住建物取得者による使用の妨害

　居住建物取得者は、第三者に対する居住建物の譲渡その他の方法により配偶者の居住建物の使用を妨げてはならない。

⑸　配偶者短期居住権の消滅の申入れ

　居住建物取得者は、「配偶者を含む共同相続人間で遺産の分割をすべき場合」を除くほか、いつでも配偶者短期居住権の消滅の申入れをすることができる。

⑹　財産性

　配偶者短期居住権は、使用借権類似の法定の債権と考えられているが、第三者対抗力（登記）は付与されない（配偶者居住権の場合は、登記されることにより、第三者対抗力が付与される。）。平たく言えば、配偶者の当面の居住利益を保護するための便法である。したがって、配偶者短期居住権には財産性はない。

⑺ 配偶者短期居住権の評価

　配偶者短期居住権は、財産性がないことから、具体的相続分に含まれない。また、配偶者が配偶者短期居住権によって受けた利益（支出することを免れた賃借料相当額がその主な内容となる。）については、配偶者の具体的相続分からその価額を控除することを要しない。

　したがって、配偶者短期居住権が消滅しても、建物の所有者には、税法的な文脈でいうところの「経済的利益」の移転はないので、課税関係は発生しない。

2. 配偶者による使用

> （配偶者による使用）
>
> 第1038条　配偶者（配偶者短期居住権を有する配偶者に限る。以下この節において同じ。）は、従前の用法に従い、善良な管理者の注意をもって、居住建物の使用をしなければならない。
>
> 2　配偶者は、居住建物取得者の承諾を得なければ、第三者に居住建物の使用をさせることができない。
>
> 3　配偶者が前二項の規定に違反したときは、居住建物取得者は、当該配偶者に対する意思表示によって配偶者短期居住権を消滅させることができる。

⑴ 配偶者による使用

　配偶者居住権が「使用及び収益」となっているところ、配偶者短期居住権は、配偶者の当面の居住利益を確保することが制度の趣旨であることから、「使用」のみとなっている。

第1章 配偶者の居住権の創設

⑵ 第三者の使用

上記⑴の理由に加えて、配偶者は経済的負担をすることがないので投下資本を回収する必要がない。したがって、居住建物の所有者の承諾により、第三者に使用させることができるが、第三者に収益させることは認められない。

⑶ 配偶者短期居住権の消滅

配偶者が上記⑴又は⑵の規定に違反したときは、居住建物取得者は、当該配偶者に対する意思表示によって配偶者短期居住権を消滅させることができる。

3. 配偶者居住権の取得による配偶者短期居住権の消滅

（配偶者居住権の取得による配偶者短期居住権の消滅）
第1039条　配偶者が居住建物に係る配偶者居住権を取得したときは、配偶者短期居住権は、消滅する。

配偶者が居住建物に係る配偶者居住権を取得したときは、配偶者短期居住権が配偶者居住権に「包含」されることになるので、配偶者短期居住権は消滅する。

4. 居住建物の返還等

（居住建物の返還等）
第1040条　配偶者は、前条に規定する場合を除き、配偶者短期居住権が消滅したときは、居住建物の返還をしなければならない。ただし、配偶者が居住建物について共有持分を有する場合は、居住建物取得者は、配偶者短期居住権が消滅したことを理由としては、居住

41

建物の返還を求めることができない。

2　第599条第1項及び第2項並びに第621条の規定は、前項本文の規定により配偶者が相続の開始後に附属させた物がある居住建物又は相続の開始後に生じた損傷がある居住建物の返還をする場合について準用する。

配偶者居住権の場合と同様である。

5. 配偶者居住権の準用規定

（使用貸借等の規定の準用）
第1041条　第597条第3項、第600条、第616条の2、第1032条（配偶者による資料及び収益）第2項、第1033条（居住建物の修繕等）及び第1034条（居住建物の費用の負担）の規定は、配偶者短期居住権について準用する。

(1)　配偶者短期居住権の譲渡

　配偶者短期居住権は、使用借権類似の法定の債権であり、債権には原則として譲渡性がある。しかし、配偶者短期居住権は配偶者の居住建物における居住を短期的に保護するために創設する権利であり、また、配偶者に経済的負担を課すことなく当然に成立するものであるから、譲渡を認める必要に乏しい。また、配偶者は経済的負担をすることがないので投下資本を回収する必要がない。そして、配偶者居住権については、その譲渡を禁止する明文の規定を設けることとしたため、これとの均衡上、配偶者短期居住権についても譲渡を禁止することが明文（準用規定）で明らかにされた。したがって、税務上、譲渡所得が発生することはない。

⑵ その他

配偶者居住権の場合と同様である。

「通常の必要費の債務性」、「償還金の財産性」及び「居住建物の評価の変動」については、配偶者居住権の場合と同様の考え方になる。配偶者は、固定資産税や通常の修繕費などの居住建物に係る「通常の必要費」を負担する。また、配偶者の死亡により配偶者短期居住権が消滅した場合には、配偶者の相続人が配偶者の義務を承継することになる。

したがって、第三者に対して修繕費等の債務が確定している場合には、他の通常の債務と同様に、相続人がその債務を原則として法定相続割合で承継することになる。

〔参考〕

	配偶者居住権	配偶者短期居住権
通常の必要費	配偶者が負担（民法1034①）	1041条が1033条及び1034条を準用
通常の必要費以外の費用	各共同相続人は、その相続分に応じて、その償還をしなければならない。ただし、有益費については、裁判所は、他の相続人の請求により、その償還について相当の期限を許与することができる（民法1034②、583②、196）。	
譲　渡	不可（民法1032②）	1041条が1032②を準用

第2章

遺産分割に関する改正

1 遺産分割に関する改正等①
―配偶者保護のための方策― (持戻し免除の意思表示の推定規定)

1. 改正の要点及び必要性

(1) 改正の要点

　婚姻期間が20年以上の夫婦の一方である被相続人が、他の一方に対し、その居住用不動産を遺贈又は贈与をしたときは、当該被相続人は、その遺贈又は贈与について、いわゆる「持戻し」の規定を適用しない旨の意思を表示したものと推定する。

(2) 改正の必要性

　序章で述べた通り、民法第900条第4号ただし書前段を違憲とした最高裁決定 (平成25年9月4日) を契機に、生存配偶者の保護を図る方策が必要とされ、検討された。

　その方策として、「中間試案」(平成28年6月21日) において、「配偶者相続分の引上げ案」が提示されたところ、パブリックコメントで否定的な意見が大勢を占めた。

　そこで、別途の方策が審議され、「追加試案」(平成29年7月18日) において、次の内容が提示された。

第2　遺産分割に関する見直し等
1　配偶者保護のための方策 (持戻し免除の意思表示の推定規定)
　民法第903条に次の規律を付け加えるものとする。
　婚姻期間が20年以上である夫婦の一方が他の一方に対し、その居住の用に供する建物又はその敷地の全部又は一部を遺贈又は贈与したとき (第1・2の規律により長期居住権を遺贈又は贈与した場合を含

む。）は、民法第903条第3項の意思表示があったものと推定する。

　この追加試案の「持戻し免除の意思表示の推定規定」は、中間試案が示した「配偶者相続分の引上げ案」のように配偶者保護を相当に手厚くするような方策ではないが、租税に関する実務家からの賛同が多いというのが実感であり、公表後のパブリックコメントにおいても好意的な意見が多数を占めた。

2. 改正後の関連条文

　民法第903条の全体像をみると、第1項は所要の見直しであり、第2項は改正がなく、第3項は判例法理の明文化であり、第4項が「配偶者保護のための方策」としての「持戻し免除の意思表示の推定規定」の創設である。

　また、民法第1028条において、配偶者居住権の遺贈についても「持戻し免除の意思表示の推定規定」が準用されるとしている。

（特別受益者の相続分）
第903条
1　共同相続人中に、被相続人から、遺贈を受け、又は婚姻若しくは養子縁組のため若しくは生計の資本として贈与を受けた者があるときは、被相続人が相続開始の時において有した財産の価額にその贈与の価額を加えたものを相続財産とみなし、第900条から第902条までの規定により算定した相続分の中からその遺贈又は贈与の価額を控除した残額をもってその者の相続分とする。〔下線部分：改正〕
2　遺贈又は贈与の価額が、相続分の価額に等しく、又はこれを超えるときは、受遺者又は受贈者は、その相続分を受けることができない。〔改正ナシ〕
3　被相続人が前二項の規定と異なった意思を表示したときは、その意思に従う。〔下線部分：改正〕

4　婚姻期間が20年以上の夫婦の一方である被相続人が、他の一方に
　　対し、その居住の用に供する建物又はその敷地について遺贈又は贈
　　与をしたときは、当該被相続人は、その遺贈又は贈与について民法
　　第903条第1項の規定を適用しない旨の意思を表示したものと推定
　　する。〔新設〕
　（配偶者居住権）
第1028条
3　第903条第4項の規定は、配偶者居住権の遺贈について準用する。
　〔新設〕

3. 持戻し制度の概要

　税の実務家にとっては、馴染みの薄い分野であろう。整理のために、
改正の中心となる民法第903条第4項に至るまでに、基本的な事項を
確認しておくこととする。

⑴　用語の意義

　民法第903条及び第904条の条文見出しに「特別受益者」の文言が
あるが、民法上の定義規定はない。
　概要．共同相続人の中の一人又は数人が、被相続人から遺贈又は生
前贈与を受けている場合、その利益を「特別受益」といい、その利益
を受けている者を「特別受益者」という。また、「持戻し」とは、共
同相続人の中に被相続人から特別受益を受けた者がいる場合に、その
特別受益の額を加えて相続財産とみなすことをいう。具体的な相続分
は、この持戻した金額を基礎に計算することになる。

⑵　制度の趣旨

　贈与の対象となった財産は相続分の前渡しであり、遺贈の対象と

なった財産は相続分の別枠で渡していると考えることによって、相続人間の衡平を図ることとしているのである。そのために、共同相続人中に、被相続人から、遺贈を受け、又は婚姻若しくは養子縁組のため若しくは生計の資本として贈与を受けた者があるときは、その利益を「特別受益」とし、「被相続人が相続開始の時において有した財産の価額」に「特別受益の額」の価額を加えたものを「みなし相続財産」として相続分を計算することとしているのである。

　これらの遺贈や生前贈与の対象となった特別受益については、相続開始の時点にその状態のままであると想定し、「持戻し」の計算をすることとなる[注]。

　なお、これは、民法の固有の考え方であり、税法の視点とは異なるものである。

（注）特別受益に係る贈与の価額は、受贈者の行為によって、その目的である財産が滅失し、又はその価格の増減があったときであっても、相続開始の時においてなお原状のままであるものとみなしてこれを定める（民法904）。

⑶　特別受益財産の範囲

　特別受益は、遺贈（すべて）[注]と生前贈与（すべてではないが、相当に広範囲のものが対象とされている。）が対象となる。

　遺贈は、目的にかかわりなく、包括遺贈も特別遺贈もすべて特別受益に当たると解されている。もっとも、遺贈された財産は、相続開始の時点においては、まだ遺産の中に含まれているので、生前贈与のような意味での計算上の加算をする必要はない。

　また、「相続させる」遺言があった場合も、衡平の観点から、遺贈と同様に特別受益に当たると解するのが相当であるとされている（要するに「持戻し」をする。最高裁判決ではないが、下級審に、「本件

のような『相続させる』趣旨の遺言による特定の遺産承継についても、民法903条1項の類推適用により、特別受益の持戻しと同様の処理をすべきであると解される。」（広島高裁岡山支部平成17年4月11日判決）とするものがある。

なお、「相続させる遺言」が広く利用されている理由としては、不動産移転登記申請に係る登録免許税の税負担（遺贈の場合は評価額の2％に対して、相続の場合は0.4％）及び申請手続（相続人が単独で申請できる。）を考慮したものとされている。

ところで、生前贈与については、その状況が多種多様であることから、持戻しをするか否かについて、その認定は容易ではない。

ここで、「生計の資本としての贈与」とは、一般的に、生計の基礎として有用な財産上の給付をいう。「相続分の前渡し」と認められる程度に高額な贈与であるかどうかが判断基準となるが、明確な基準はない。概ね、次のような区分になるであろう。

「生計の資本としての贈与」として特別受益が認定されると思われる事例	「生計の資本としての贈与」に該当しない可能性の高いと思われるもの
●居住用の不動産の贈与 ●居住用不動産の取得のための金銭の贈与 ●相続人の債務を被相続人が負担した場合で被相続人が求償権を放棄した場合 ●事業用資金の贈与等	●扶養義務としての援助（通常の範囲）(注) ●入学祝、就職祝い、結婚祝い、新築祝いなど、親としての通常の援助の範囲内でなされた贈与（過大でないもの） ●遊興費として使うための金銭の贈与（あくまでも通常の範囲）等

（注）東京家裁平成21年1月30日審判では、被相続人の口座から相続人に1か月に2万〜25万円の送金がなされていた場合において、1か月10万円を超える部分については「生計の資本としての贈与」に該当し、1か月10万円に満たない部分については「親族間の扶養的金銭援助」にとどまり、「生計の資本としての贈与」には該当しないとされた。

‖ 第2章 ‖ 遺産分割に関する改正 ‖

4. 民法第903条第1項

⑴ 改正内容の確認

　特別受益の持戻しの規定であるが、改正前の「前3条」が改正により「第900条から第902条まで」となった。第902条の2（相続分の指定がある場合の債権者の権利の行使）が追加されたことに対応する改正である。内容についての実質的な改正はない。

⑵ みなし相続財産

　第1項前段に「共同相続人中に、被相続人から、遺贈を受け、又は婚姻若しくは養子縁組のため若しくは生計の資本として贈与を受けた者があるときは、被相続人が相続開始の時において有した財産の価額にその贈与の価額を加えたものを相続財産とみなし」とある。

　この「みなし相続財産」について、事例で確認する。

> 相続人
> 　配偶者A
> 　子B
> 　子C
> 相続財産
> 　現金1億円
> 生前贈与
> 　子Cは、持戻しの対象となる被相続人からの生前贈与2千万円がある。

　条文中の「贈与」とは、いわゆる「生前贈与」のことである。なお、事例を簡素化するために、遺贈はないものとする。

51

みなし相続財産の金額と内訳は、次のようになる。

		相続分	1億円	
みなし相続財産	相続財産	遺贈分	なし	1億2千万円
	生前贈与		2千万円	

(3) 相続分

次に、第1項後段に、「第900条から第902条までの規定により算定した相続分の中からその遺贈又は贈与の価額を『控除』した残額をもってその者の『相続分』とする。」（一部加筆）とある。

〔相続開始時の財産のみに着目した遺産分割〕

	遺産分割の対象とする財産1億円		
相続人	配偶者A	子B	子C
相続分	5千万円	2.5千万円	2.5千万円

持戻しの対象となる生前贈与の範囲を確定することが容易でないことから、税理士が通常行う相続税に係る業務においては、上記のような分割がされることが多いと思われる。

民法の条文を考慮すると、上記の事例での贈与は、「持戻しの対象となる被相続人からの生前贈与」であることから、この2千万円を加算して「みなし相続財産」を観念し、その上で、特別受益の額（遺贈又は贈与の額。この事例では贈与のみ。）を控除すると、「相続分」は、配偶者Aが6千万円、子Bが3千万円、子Cが1千万円となる。

第2章 遺産分割に関する改正

〔特別受益を考慮した遺産分割〕

	遺産分割の対象とする「みなし相続財産」1億2千万円		
相続人	配偶者A	子B	子C
みなし相続財産を基礎とした相続分	6千万円	3千万円	3千万円
上記から控除する遺贈又は贈与の価額			控除すべき生前贈与2千万円
相続分	6千万円	3千万円	1千万円

　子Cは生前贈与で2千万円を被相続人から既にもらっているので、上記の「相続分」にその生前贈与を加算すると、次のように、同じ立場である子Bと結果として衡平が保たれていることになる。

	配偶者A	子B	子C
相続分	6千万円	3千万円	2千万円
生前贈与分			1千万円
相続分＋特別受益	6千万円	3千万円	3千万円

5. 民法第903条第2項

　遺贈又は贈与の価額が、相続分の価額に等しく、又はこれを超えるときは、受遺者又は受贈者は、その相続分を受けることができない。ただし、特別受益額が相続分の価額を超えている場合の計算方法は示されていない（第1項で「控除」とあるので、控除しきれない場合はゼロとなり、マイナスとはならない。）。その場合の調整計算について確認してみる。

　改正項目ではないが、民法的な分割を理解する上で必要な事項である。

相続人

　配偶者A

　子B

　子C

　子D

相続開始時の財産

　現金預金等　6,000万円（遺贈する1,200万円を含んだ金額）

　上記のうち、子Dは遺言により1,200万円の遺贈を受ける。

生前贈与

　子Bは、被相続人から生前に2,400万円の生前贈与を受けている。

〔みなし相続財産〕

　みなし相続財産の金額と内訳は、次のようになる（以下、単位は万円とする。）。

みなし相続財産	相続財産 6,000	相続分	4,800	8,400
		遺贈分	1,200	
	生前贈与		2,400	

〔基本〕単純に、遺贈又は贈与の価額を「減額」した場合

		配偶者A	子B	子C	子D	合計	
みなし相続財産の配分		4,200	1,400	1,400	1,400	8,400	
特別受益	遺贈				-1,200	-1,200	
	生前贈与		-2,400			-2,400	
相続分 (S)	特別受益の「減額」後	4,200	-1,000	1,400	200	4,800	相続開始時の財産と一致(注)
遺贈分					1,200	1,200	
生前贈与額			2,400			2,400	
相続分＋特別受益		4,200	1,400	1,400	1,400	8,400	

（注）以下の表では省略する。

計算上、衡平は保たれているが、条文への当てはめと実際の配分の手続が残っている。

子Bに係る遺贈又は贈与の価額（この事例では、生前贈与2,400）が、相続分（1,400）を超えることになる。この超過分（1,000）を「超過特別受益」といい、子Bを「超過特別受益者」という。

条文の当てはめをすると、贈与の価額が、相続分の価額を超えるときは、受贈者Bは、その相続分を受けることができない。また、「控除」であるので、ゼロが下限となる（上記の表では、便宜上マイナスとしている。）。

また、超過特別受益者がいる場合の調整計算（案分計算）が必要となるが、この方法として、次のものが考えられる。

①　超過特別受益者Bを当初から不存在とみなして算定する方法

この場合は、「子Bへの相続財産の配分」も「子Bへの生前贈与の加算」も考慮しないこととなる。したがって、計算過程で、超過特別受益の額は発生しない。

「みなし相続財産」は、贈与の加算がないので、相続開始時の財産6,000万円のままとなり、この金額で計算を開始する。

		配偶者A	子B	子C	子D	合計
みなし相続財産の配分		3,000	考慮しない	1,500	1,500	6,000
特別受益	遺贈				-1,200	-1,200
	生前贈与		考慮しない			
相続分	特別受益の「控除」後	3,000		1,500	300	4,800
遺贈分					1,200	1,200
生前贈与額			2,400			2,400
相続分＋特別受益		3,000	2,400	1,500	1,500	8,400

もっともシンプルな計算方法である。

② 相続分4,800万円を上記〔基本〕の「S」の割合（Bを除く。）で配分する方法

相続財産6,000万円から遺留分1,200万円を控除した4,800万円がスタートラインとなる。この場合は、「子Bへの相続財産の配分」と「子Bへの生前贈与の加算」のほかに、「子Dの遺贈分」も考慮しないことになる。上記①と同様に、超過特別受益の額は計算過程で発生しない。

		配偶者A	子B	子C	子D	合計
みなし相続財産の配分		3,476 (注1)	考慮しない	1,159 (注2)	165 (注3)	4,800
特別受益	遺贈				考慮しない	
	生前贈与		考慮しない			
相続分(S)	特別受益の「控除」後	3,476		1,159	165	4,800
遺贈分					1,200	1,200
生前贈与額			2,400			2,400
相続分＋特別受益		3,476	2,400	1,159	1,365	8,400

（注1） $4,800 \times 4,200 ／（4,200＋1,400＋200）＝3,476$（端数は適宜に調整している。以下同じ。）

（注2） $4,800 \times 1,400 ／（4,200＋1,400＋200）＝1,159$

（注3） $4,800 \times 200 ／（4,200＋1,400＋200）＝165$

③ 超過特別受益の額を「S」の割合（Bを除く）で負担する方法

上記の〔基本〕をベースに、超過特別受益の額（1,000）を「S」の割合（Bを除く。）で負担（配分）する方法である。

＝＝ 第2章 ｜ 遺産分割に関する改正 ＝＝

		配偶者A	子B	子C	子D	合計
みなし相続財産の配分		4,200	1,400	1,400	1,400	8,400
特別受益	遺贈				-1,200	-1,200
	生前贈与		-2,400			-2,400
相続分(S)	特別受益の「減額」後	4,200	-1,000	1,400	200	4,800
超過特別利益の配分		-724 [注1]	＋1,000	-241 [注2]	-35 [注3]	0
配分後の相続分		3,476	0	1,159	165	4,800
遺贈分					1,200	1,200
生前贈与額			2,400			2,400
相続分＋特別受益		3,476	2,400	1,159	1,365	8,400

　発生した超過特別受益額（1,000）を「S」の割合（Bを除く。）で負担するのであるから、最初からその割合で計算している②と同じ結果となる。

（注1）　$1,000 \times 4,200 ／（4,200 + 1,400 + 200）= 724$
（注2）　$1,000 \times 1,400 ／（4,200 + 1,400 + 200）= 241$
（注3）　$1,000 \times 200 ／（4,200 + 1,400 + 200）= 35$

④　超過特別受益の額を法定相続割合（子Bを除く）で負担する方法

　上記の〔基本〕をベースに、超過特別受益の額（1,000）を法定相続割合（Bを除く。）で負担（配分）する方法である。

		配偶者A	子B	子C	子D	合計
みなし相続財産の配分		4,200	1,400	1,400	1,400	8,400
特別受益	遺贈				-1,200	-1,200
	生前贈与		-2,400			-2,400
相続分(S)	特別受益の「減額」後	4,200	-1,000	1,400	200	4,800
超過特別利益の配分 [注]		-600	＋1,000	-200	-200	0
配分後の相続分		3,600	0	1,200	0	4,800
遺贈分					1,200	1,200
生前贈与額			2,400			2,400
相続分＋特別受益		3,600	2400	1,200	1,200	8,400

57

(注) 超過特別受益の額1,000を配偶者（1／2）、子C（1／6）、子D（1／6）の割合、すなわち3：1：1の割合で負担すると、順に600、200、200となる。

　上記①〜④以外にも、配偶者を優先して算定する方法その他一定の方法があるとされているが、合理的でないと思われるので、省略する。なお、合理的な方法は当事者が合意の上で決定すればよいが、遺産分割事件では、多くの場合、②又は③の方法が採用されているようである。

6. 民法第903条第3項

　改正前後の条文を対比する。

改正後	改正前
被相続人が前2項の規定と異なった意思を表示したときは、その意思に従う。	被相続人が前2項の規定と異なった意思を表示したときは、その意思表示は、遺留分に関する規定に違反しない範囲内で、その効力を有する。

　「被相続人が前2項の規定と異なった意思を表示したとき」とは、被相続人が「持戻し免除の意思表示をしたとき」の意味である。この点は、改正の前後を通じて共通である。

　改正前の「遺留分に関する規定に違反しない範囲内で、その効力を有する。」が改正により、「その意思に従う。」となった。

　持戻し免除の意思表示と遺留分の関係についてであるが、遺留分に反する意思表示の部分（範囲）を当然に無効とすれば、有効と無効の範囲を明らかにしなければならない。遺留分を侵害された（と判断した）相続人が減殺請求権を行使すれば足りることである。

　判例は、「本件遺留分減殺請求により、抗告人らの遺留分を侵害する本件持戻し免除の意思表示が減殺されることになるが、遺留分減殺

請求により特別受益に当たる贈与についてされた持戻し免除の意思表示が減殺された場合、持戻し免除の意思表示は、遺留分を侵害する限度で失効し、当該贈与に係る財産の価額は、上記の限度で、遺留分権利者である相続人の相続分に加算され、当該贈与を受けた相続人の相続分から控除されるものと解するのが相当である」（最高裁平成24年1月26日決定）としている。

「持戻し免除の意思表示」が直ちに（当然に）「無効」になるのではなく、「減殺」されるものとし、「遺留分を侵害する限度で失効」するのは、「遺留分減殺請求により〔中略〕持戻し免除の意思表示が減殺された場合」である。この判例法理を明文化したものと考えることができる。

7. 民法第903条第4項

今回の改正により新設された項目である。

> 婚姻期間が20年以上の夫婦の一方である被相続人が、他の一方に対し、その居住の用に供する建物又はその敷地について遺贈又は贈与をしたときは、当該被相続人は、その遺贈又は贈与について民法第903条第1項（特別受益の持戻し）の規定を適用しない旨の意思を表示したものと推定する。

(1)「推定規定」と「みなし規定」

「推定する」と「みなす」の相違は次の通りである。

推定する	ある事実があった場合に、法律上、反証がない限り、そのような効果を認める。
みなす	ある事実があった場合に、法律上、当然にそのような効果を認める。

⑵ 持戻し免除の意思表示があった場合の遺産分割

相続人
　配偶者Ａ
　子Ｂ
　子Ｃ
相続財産
　現金１億円
生前贈与
　配偶者Ａは、被相続人から婚姻期間が20年を経過した後に、居住用不動産２千万円の贈与を受けている。

今回の改正により、原則として、持戻し免除の意思表示があったものと推定されるので、みなし相続財産の金額と内訳は、次のようになる。

みなし相続財産	相続財産	相続分	１億円	１億円
		遺贈分	なし	
	生前贈与		持戻し免除の意思表示があったものと推定	

したがって、遺産分割は次のようになる。

	遺産分割の対象とする財産１億円		
相続人	配偶者Ａ	子Ｂ	子Ｃ
相続分	５千万円	2.5千万円	2.5千万円

配偶者Ａは生前贈与で居住用不動産２千万円を被相続人からもらっているので、上記の「相続分」に持戻し免除に係る生前贈与を加算すると、次のようになる。改正により、配偶者がより保護される制度が誕生したこととなる。

	配偶者A	子B	子C
相続分	5千万円	2.5千万円	2.5千万円
持戻免除の生前贈与	2千万円		
特別受益＋相続分	7千万円	2.5千万円	2.5千万円

⑶ 実務への影響等

① 住宅等に係る贈与税の配偶者控除

　婚姻期間が20年以上の夫婦間で居住用不動産を贈与する場合は、次の相続税法に適合するように行う事例が通例であろう。

相続税法

第21条の6　その年において贈与によりその者との婚姻期間が20年以上である配偶者から専ら居住の用に供する土地若しくは土地の上に存する権利若しくは家屋でこの法律の施行地にあるもの（以下この条において「居住用不動産」という。）又は金銭を取得した者（その年の前年以前のいずれかの年において贈与により当該配偶者から取得した財産に係る贈与税につきこの条の規定の適用を受けた者を除く。）が、当該取得の日の属する年の翌年3月15日までに当該居住用不動産をその者の居住の用に供し、かつ、その後引き続き居住の用に供する見込みである場合又は同日までに当該金銭をもつて居住用不動産を取得して、これをその者の居住の用に供し、かつ、その後引き続き居住の用に供する見込みである場合においては、その年分の贈与税については、課税価格から2千万円（当該贈与により取得した居住用不動産の価額に相当する金額と当該贈与により取得した金銭のうち居住用不動産の取得に充てられた部分の金額との合計額が2千万円に満たない場合には、当該合計額）を控除する。

　今回の民法改正により、配偶者間における居住用不動産の贈与については、「持戻しリスク」は、原則、解消される。ただし、次の点に

留意が必要である。

	改正民法	相続税法
対　象	● 「居住の用に供する建物又はその敷地」の遺贈又は贈与 ● 「配偶者居住権」の遺贈	● 居住用不動産の贈与 ^(注1) ● 居住用不動産を取得するための金銭の贈与 ^(注2)

（注1）遺贈は対象となっていない。遺贈は、「贈与税」ではなく、「相続税」の課税対象となるからである。

（注2）民法は、「居住用不動産を取得するための金銭」を対象としていない。今後の司法判断等によることになるが、条文上は、金銭の贈与については、持戻しリスクは残ることになる。

⑷　民法上の「持戻し」が必要となるもの

　税法上の実務と民法上の考え方の関係を再確認しておく。「持戻し」の対象となるものは次のとおりである。

贈与のほぼすべて	課税・非課税による区分はない。
遺贈のすべて	「相続」で取得するか「遺贈」で取得するかの違いであるので、時期的な乖離による、後からの不意打ち的なリスクはない。

　多額の贈与の例として、次のものがある。

直系尊属から住宅取得等資金の贈与を受けた場合の非課税	平成27年1月1日から平成33年12月31日までの間に、父母や祖父母など直系尊属からの贈与により、自己の居住の用に供する住宅用の家屋の新築、取得又は増改築等の対価に充てるための金銭を取得した場合において、一定の要件を満たすときは、一定の非課税限度額（最大3,000万円）までの金額について、贈与税が非課税となる。
直系尊属から教育資金の一括贈与を受けた場合の贈与税の非課税	● 平成25年4月1日から平成31年3月31日までの間 ● 父母や祖父母など直系尊属からの贈与 ● 最大1,500万円
直系尊属から結婚・子育て資金の一括贈与を受けた場合の非課税	● 平成27年4月1日から平成31年3月31日までの間 ● 父母や祖父母など直系尊属からの贈与 ● 最大1,000万円（結婚に際して支出する費用については300万円が限度）

推定相続人への多額の贈与（住宅取得等資金など）については、持戻し免除の意思の要否を検討しておく必要がある（ただし、祖父母から孫に贈与した場合において、孫が相続人とならない場合は、特別受益の問題は生じない。）。なお、通常の教育用の資金については、特別受益の要件である「生計の資本」としての贈与に該当しないので、原則として、特別受益に該当しないと考えられる（多数意見）[注]。

これに対して、住宅取得等資金の贈与は、原則として、「生計の資本」に該当すると考えられる。

（注）医学部教育を受けた者とそれ以外の者が争った事例はある（京都地裁平成10年9月11日判決。この事例では特別受益に該当しないと判断された。）。なお、「直系尊属から教育資金の一括贈与を受けた場合の贈与税の非課税」に係る司法判断は未見である。

いずれにしても、持戻し免除をするためには、原則として、意思表示が要件となっていることを再確認しておく必要がある（民法903③）。

〔参考〕相続税法上の「いわゆる持戻し」について

　民法上の「持戻し」とは別に、相続税法は税額計算過程において「いわゆる持戻し」の規定が設けられているが、全くの別物である。

3年以内贈与加算	対象	被相続人から生前に贈与された財産のうち相続開始前3年以内に贈与されたもの（下記を除く。）が対象となり（課税・非課税を問わない。）で、贈与を受けた財産の贈与時の価額を加算する。
	対象外	●贈与税の配偶者控除の特例を受けている又は受けようとする財産のうち、その配偶者控除額に相当する金額 ●直系尊属から贈与を受けた住宅取得等資金のうち、非課税の適用を受けた金額 ●直系尊属から一括贈与を受けた教育資金のうち、非課税の適用を受けた金額 ●直系尊属から一括贈与を受けた結婚・子育て資金のうち、非課税の適用を受けた金額
相続時精算課税		特別控除額（2,500万円が限度額）の範囲であるか否かを問わず、贈与を受けた財産の贈与時の価額を加算する。
事業承継税制		①贈与（納税猶予） ●いわゆる持戻しの規定はない。 ②相続（贈与税の猶予税額の免除） ●贈与税の納税猶予及び免除の特例を受けた非上場株式等は、相続又は遺贈により取得したものとみなし、贈与の時の価額により他の相続財産と合算して相続税を計算する。

　相続税法上の「いわゆる持戻し」は、贈与時の価額であるが、民法上の持戻しについては、相続時の価額である。また、相続税法上の「いわゆる持戻し」規定の有無を問わず、民法上の持戻し規定は、原則として適用される。

第2章 遺産分割に関する改正

2 遺産分割に関する改正等②
　　―仮払い制度等の創設―

1. 改正の要点及び必要性

(1)　改正のポイント

　可分債権のうち、預貯金債権については、平成28年12月19日の最高裁決定により、遺産分割の対象とされた。その結果、預貯金債権は、通常の可分債権と取扱いが異なることとなった。それに伴い、遺産分割に係る協議が成立する前に、一定の金額について、相続人が仮払いできる制度が創設された。

(2)　改正の必要性

　被相続人が有していた預貯金を、何らかの資金需要のために、遺産分割前に払い戻す必要があるにもかかわらず、共同相続人全員の同意を得ることができない場合には、経済的に立場の弱い相続人が、不本意な分割協議に合意するなど、不都合が生じ得る。

2. 可分債権と不可分債権

(1)　民法の規定

　民法は、可分債権と不可分債権について、次のように規定している。

> （分割債権及び分割債務）
> 第427条　数人の債権者又は債務者がある場合において、別段の意思表示がないときは、各債権者又は各債務者は、それぞれ等しい割合で権利を有し、又は義務を負う。

（不可分債権）

第428条　債権の目的がその性質上又は当事者の意思表示によって不可分である場合において、数人の債権者があるときは、各債権者はすべての債権者のために履行を請求し、債務者はすべての債権者のために各債権者に対して履行をすることができる。

⑵　実務面からの検討

上記の条文について、実務を考慮して事例を補足すると、次のようになる（最高裁決定の前の段階である。）。

可分債権	①可分債権とは、性質上分割が可能であり、分割給付を目的とする債権を意味する。その事例として、売買代金や預金などの金銭債権がある[注]。 ②ただし、性質上、可分債権であっても当事者の合意または合理的意思解釈により不可分債権となる。
不可分債権	①不可分債権とは、複数の債権者が同一の不可分給付を目的として有する債権を意味する。 ②不可分債権には、性質上不可分である場合と当事者の意思表示により不可分となる場合がある。

（注）預金者から見れば預貯金債権であり、金融機関の立場では預貯金債務である。このうち、預貯金債権については、最高裁決定によって不可分債権となった（後述）。

〔不可分債権とされる理由等〕

当事者の意思表示により不可分となる場合	性質上、可分債権であっても当事者の合意または合理的意思解釈により不可分債権となる（上記の表中「可分債権」の②の場合が該当する。）。
性質上不可分である場合	3人が費用を分担して1台の自動車を購入した場合の3人のそれぞれの引渡請求権がこれにあたる。ただし、所有権は、別の概念であり、3人に帰属することになる。

	金銭債権であっても、例えば、建物の共同賃貸人が有する賃料債権は不可分債権とされる。その理由は、共同賃貸人が有する「建物を賃貸するという債務」が不可分であると考えられることから、その対価である賃料債権も不可分となる。各債権者（各相続人）は、持分に関わらず、全額の賃料を賃借人に請求することができ、賃借人はその請求してきた者にその全額を支払えば、他の債権者に支払う義務はなくなる。
反対給付の債務との関係で不可分となる場合	

(3) 学 説

可分債権に係る学説には、おおむね次のようなものがある。

合有説	遺産は、遺産分割されるまでは共同相続人全員に帰属し、各相続人は法定相続割合に応じた潜在的な持分を有するにすぎないとする説
不可分債権	可分債権であっても、遺産分割されるまでは不可分債権として共同相続人に帰属するとする説
共有説	可分債権は、相続開始と同時に当然分割され、法定相続割合に応じて各相続人に帰属するとする説
	上記の考え方を基礎としつつ、各相続人にいったん帰属したとする可分債権であっても、遺産分割の対象となるとする説
準共有説	可分債権であっても、遺産分割の対象となるとする説

(4) 最高裁判例（従来）

預貯金債権等の可分債権については、昭和29年（1954年）4月8日の最高裁判決は、次のように、可分債権は民法第427条により法律上当然に分割されて可分債権となり、遺産分割の対象とならないことを明白かつ簡潔に示していた。

相続人数人ある場合において、その相続財産中に金銭債権その他の可分債権あるときは、その債権は法律上当然分割され各共同相続人が

> その相続分に応じて権利を承継するものと解するを相当とするから、所論は採用できない。

　上記の末尾の部分は、上告理由を採用しないという趣旨である。結論は、「金銭債権その他の可分債権は、各共同相続人がその相続分に応じて権利を承継する」というものである。

　この内容は、大正9年（1920年）12月22日大審院判決を踏襲するもので、かつ、この判断に立脚する最高裁判決（昭和32年9月20日、昭和34年6月19日、平成10年6月30日、平成16年4月20日）は、その後も続いていた。下級審判決は、当然にこの考え方に基づいている。

　一般人の感覚として、民法第427条の素直な解釈である。ただし、「金銭債権のその他の可分債権」が対象であるから、預貯金債権もその中に含まれることとなる（後述の最高裁決定の前の段階）。

3. 可分債権に係る実際の実務とその問題点

⑴　実際の実務

　金銭債権等の可分債権は、従前の最高裁判決等により、相続の開始により当然に分割され、各相続人が相続分に応じて権利を承継することとされていた。

　したがって、実際の遺産分割の実務においても、原則として遺産分割の対象から除外され、例外的に、相続人全員の合意がある場合に限り、遺産分割の対象とするという取扱いがされている。

　ところが、相続税申告の実務においては、金銭債権が遺産分割の対象としている事例は多い。その傾向は、納税資金を確保したり、他の財産のバランスを調整したりするために利便性の高い預貯金債権にお

いて顕著である。

　会計上は「現金預金」として一括りにされることが多いにもかかわらず、現金は遺産分割の対象となり^(注)、預貯金が遺産分割の対象とならないのであった。この点について、疑問を呈した相続人がいる場合、簡潔な説明を試みることは困難である。「司法判断がそのようになっていますので、ご理解を。」と説明するしかないのが現実であった。

(注)「相続人は、遺産の分割までの間は、相続開始時に存した金銭を相続財産として保管している他の相続人に対して、自己の相続分に相当する金銭の支払を求めることはできないと解するのが相当である。」（最高裁平成4年4月10日判決）として、「現金は遺産分割の対象となる」ことが示されている。

⑵　問題点

　預貯金債権が可分債権である場合の問題点を事例により検討してみる。

【事例1】

相続人
　長女A
　長男B
被相続人の相続財産
　不動産5,000万円
被相続人からの生前贈与
　長女Aに対して現金2,000万円

　不動産は遺産分割の対象となる財産であり、預貯金債権は可分債権であるから、それぞれの遺産分割における具体的相続分は、次のようになる。

	長女A	長男B
みなし相続財産^(注)の配分	3,500万円	3,500万円
生前贈与財産の控除	2,000万円	
相続分	不動産1,500万円	不動産3,500万円
生前贈与額	2,000万円	
相続分＋生前贈与	不動産1,500万円 現金　2,000万円	不動産3,500万円

（注）不動産5,000万円＋生前贈与2,000万円＝7,000万円

　特別受益（この事例では、遺贈はないので、生前贈与のみ）による具体的相続分が調整される結果、相続人間の衡平が図られることになる。

　なお、不動産（5,000万円）のうち長女Aが30%（1,500万円相当）、長男Bが70%（3,500万円相当）の割合で相続することになり、共有関係が生じる。

　実務上、この状態を生じないようにするためには、分割協議において長男Bが長女Aに代償金1,500万円を支払うことにより、共有関係とならない分割も可能である。このような分割方法を、「代償分割」という。その場合は、次のようになる。

		長女A	長男B
みなし相続財産の配分		3,500万円	3,500万円
生前贈与財産の控除		2,000万円	
相続分として計算される額		不動産　1,500万円	不動産　3,500万円
代償金による 解決	不動産	△1,500万円	＋1,500万円
	現金	＋1,500万円	△1,500万円
生前贈与額		2,000万円	
相続分＋生前贈与		現金3,500万円	不動産5,000万円 現金 -1,500万円

||第2章│遺産分割に関する改正||

　この事例では、長男Ｂは自己資金（又は借入金）で代償金を長女Ａに支払うことになる。

　不動産が共有関係になろうと、代償金を支払う場合であっても、相続人間の衡平は保たれている。

【事例2】

　上記【事例1】のうち、相続財産を不動産から預貯金に変更する。

```
相続人
　長女Ａ
　長男Ｂ
被相続人の相続財産
　預貯金5,000万円
被相続人からの生前贈与
　長女Ａに対して現金2,000万円
```

　従前の最高裁判決の下では、預貯金は可分債権であり、遺産分割の対象とならないので、それぞれの遺産分割における具体的相続分は、次のようになる。

	長女Ａ	長男Ｂ
相続分	預貯金　2,500万円	預貯金　2,500万円
生前贈与額	2,000万円	
相続分＋生前贈与	4,500万円	2,500万円

　まず、預貯金は相続開始と同時に当然に法定相続分に応じて分割され、長女Ａと長男Ｂはそれぞれ預貯金債権を取得する。

　次に、遺産分割について、遺産分割の対象となる財産が存在しないため、遺産分割は行われない。

　すなわち、長女Ａの特別受益（この場合は、生前贈与）を調整する

71

ことができない（長女Ａの立場でいえば、調整しなくてもよい。）。

　したがって、これらの結果、特別受益による具体的相続分が調整されない結果、相続人間の衡平が図られないことになる。

4. 最高裁決定（平成28年12月19日）

　最高裁平成28年12月19日決定は、次のように示している。

---

(2)　〔中略〕

ウ　前記(1)に示された預貯金一般の性格等を踏まえつつ以上のような各種預貯金債権の内容及び性質をみると、共同相続された普通預金債権、通常貯金債権及び定期貯金債権は、いずれも、相続開始と同時に当然に相続分に応じて分割されることはなく、遺産分割の対象となるものと解するのが相当である。

(3)　以上説示するところに従い、最高裁平成15年（受）第670号同16年4月20日第三小法廷判決・裁判集民事214号13頁その他上記見解と異なる当裁判所の判例は、いずれも変更すべきである。

判例変更である。

　この大法廷決定により、普通預金債権、通常貯金債権及び定期貯金債権（これらをまとめて「預貯金債権」というのが通例である。）は、可分債権（遺産分割の対象外）ではなくなり、不可分債権（遺産分割の対象）となった。この結果、判例に基づく、可分債権の取扱いは次のようになる。

決定前の区分	決定の影響	決定後の取扱い・根拠		
下記以外の可分債権	影響なし	分割協議の対象外	民法427	従前の判例（昭和29年4月8日他）により、「各共同相続人がその相続分に応じて権利を承継する」ことについては、不変である。
預貯金債権	可分債権→不可分債権	分割協議の対象	民法428	最高裁平成28年12月19日決定により、変更された。
元々、不可分債権であったもの	影響なし			

　最高裁平成28年12月19日決定は、法制審議会民法（相続関係）部会での審議の途中に行われたものである。

　中間試案（平成28年6月21日）の段階では、「可分債権の遺産分割における取扱い」として、「甲案（可分債権は相続の開始により当然に分割されることを前提としつつ、これを遺産分割の対象に含める考え方）」と「乙案（可分債権を遺産分割の対象に含めることとし、かつ、遺産分割が終了するまでの間、可分債権の行使を禁止する考え方）」が示され、いずれにおいても「預貯金債権等の可分債権を遺産分割の対象に含めるものとする。」と示されていた。

　この決定により、上記の試案で示された事項の大半が解決したので、可分債権の取扱いについては、新たな規律を設けられないこととなった。

　なお、「中間試案」では、「預貯金債権以外の可分債権、例えば不法行為に基づく損害賠償請求権についても遺産分割の対象に含めるか否かについては、なお検討する。」とされていたが、従前の取扱いと同様とされた。理由としては、次のとおりである。

① 損害賠償請求権や不当利得返還請求権などの可分債権は、預貯金債権と異なり、一般の国民や当事者にとって典型的な資産ではない。

② 上記の可分債権は、その存否、存在するとした場合の金額を確定することは容易ではない。

③ 上記の可分資産を分割協議の対象とした場合には、分割に係る紛争や複雑化・長期化させることとなる。

　したがって、損害賠償請求権や不当利得返還請求権のほか、（従前の区分でいうところの）「預貯金債権以外の可分債権」については、「相続開始と同時に、当然に法定相続分に応じて分割され、遺産分割の対象とならない」とする取扱いが維持されたのである[注]。

(注) この最高裁決定が可分債権一般について触れていないことを踏まえ、預貯金債権以外にも遺産分割の対象とすべき可分債権があるのではないかとの指摘がある。確かに、他の金融商品などを含めて、可分債権・不可分債権の範囲について検討すべきであると思われるが、司法判断を待つことになると考えられる。

5. 仮払い制度の必要性

(1) 分割協議における問題点

　一つの改正が行われると、他の箇所での影響を検討する必要がある。

　被相続人が有していた預貯金を、何らかの資金需要のために、遺産分割前に払い戻す必要があるにもかかわらず、共同相続人全員の同意を得ることができない場合には、経済的に立場の弱い相続人が、不本意な分割協議に合意するなど、不都合が生じ得る。

⑵　資金需要の例

資金需要の例として、部会での意見等には、次のようなものがあった。

---

① 　共同相続人において被相続人が負っていた債務の弁済をする必要がある場合

② 　被相続人から扶養を受けていた共同相続人の当面の生活費を支出する必要がある場合

③ 　被相続人の葬式費用の弁済

④ 　相続税の支払

⑤ 　相続財産に係る共益費用の支払

⑥ 　遺言により各相続人が遺贈義務を負う場合に、その遺贈義務の履行に必要な支払をする必要があるとき

⑦ 　第三者の債務を担保するために相続財産に抵当権など担保設定がされている場合に、その被担保債権に係る債務の弁済をする必要があるとき　等

⑶　仮払い制度の創設

上記⑵の指摘等を踏まえ、次のように、家事事件手続法及び民法が改正された。家庭裁判所の判断を経由して「預貯金債権を仮払」する場合と、家庭裁判所の関与なく「預貯金債権の仮払」できる場合が創設された。

①　家庭裁判所の判断により、預貯金の払戻しを認める場合

家事事件手続法

　（遺産の分割の審判事件を本案とする保全処分）

第200条　〔略〕

2　家庭裁判所は、遺産の分割の審判又は調停の申立てがあった場合において、強制執行を保全し、又は事件の関係人の急迫の危険を防

止するため必要があるときは、当該申立てをした者又は相手方の申立てにより、遺産の分割の審判を本案とする仮差押え、仮処分その他の必要な保全処分を命ずることができる。〔改正ナシ〕

3　前項に規定するもののほか、家庭裁判所は、遺産の分割の審判又は調停の申立てがあった場合において、相続財産に属する債務の弁済、相続人の生活費の支弁その他の事情により遺産に属する預貯金債権（民法第466条の5第1項に規定する預貯金債権をいう。以下この項において同じ。）を当該申立てをした者又は相手方が行使する必要があると認めるときは、その申立てにより、遺産に属する特定の預貯金債権の全部又は一部をその者に仮に取得させることができる。ただし、他の共同相続人の利益を害するときは、この限りでない。〔新設〕

　まず、第1項は直接の関係がないので省略している。

　次に、改正されていない第2項をみると、「事件の関係人の急迫の危険を防止するため必要があるときは」とされている。要件としては、相当に厳格であるといる。

　そこで、第3項を新設し、預貯金債権については、「仮に取得」（仮払い）をさせることができることとした。

　ただし、必要性がある資金需要を具体的に書き切れないし、また、その切り分け方法に統一的な説明が困難であることから、第3項では、資金需要の費目を限定列挙することはせず、典型的な資金需要を例示列挙した上で、その必要性の判断と金額については家庭裁判所の裁量に委ねることとした。

②　家庭裁判所の判断を経ないで、預貯金の払戻しを認める場合

（遺産の分割前における預貯金債権の行使）

第909条の2　各共同相続人は、遺産に属する預貯金債権のうち相続開始の時の債権額の3分の1に第900条及び第901条の規定により

> 算定した当該共同相続人の相続分を乗じた額（標準的な当面の必要生計費、平均的な葬式の費用の額その他の事情を勘案して預貯金債権の債務者ごとに法務省令で定める額を限度とする。）については、単独でその権利を行使することができる。この場合において、当該権利の行使をした預貯金債権については、当該共同相続人が遺産の一部の分割によりこれを取得したものとみなす。〔新設〕

　部会では、3案が示されていた（部会資料18）。そのうちの「乙-3案（家庭裁判所の判断を経ないで、仮払いを認める考え方）」は、次のように記載している。

　各相続人は、遺産に属する預貯金債権のうち、その相続開始時の債権額の一定割合（例えば2割）にその相続人の法定相続分を乗じた額（ただし、一定金額（例えば50万円）を限度とする。）については、遺産分割がされるまでの間、仮にその権利を行使することができるものとする。

　具体的な金額を示す法務省令は、施行日前に示されるものと思われる。

　権利行使をした預貯金債権については、その共同相続人が遺産の一部の分割によりこれを取得したものとみなすのであるから、「遺産の分割前に遺産に属する財産が処分された場合の遺産の範囲」（後述）の問題は、既にこの条項で解決されていることになる。

3 遺産分割に関する改正等③
─一部分割─

1. 改正の要点及び必要性

(1) 改正の要点

　「共同相続人は、次条の規定により被相続人が遺言で禁じた場合を除き、いつでも、その協議で、遺産の分割をすることができる。」(改正前民法907①、後述)とされていたところ、全部分割だけではなく、一部分割もできる旨が法文上において明らかとなった。

(2) 改正の必要性

　改正前の民法第907条第1項の規定には、一部分割を認める旨の文言がなかった。そして、遺産分割の協議は、民法第906条(後述)が示している「遺産の分割の基準」に従って総合的に行われることから、一回的解決を前提としているようにも読むことができる。

　例えば、遺産中の個々の財産を順次に分割してゆくとした場合、相続人の一人にとって満足のゆくこととなった段階で、その者が他の財産の分割協議に応じなかったり、あるいは、他の相続人が納得のできないような案を提示したりするような事例が想定される。その観点では、民法第906条の趣旨を踏まえ、一回的解決をすることが望ましいといえよう。

　しかし、相続財産への該当性について相続人の一人が第三者と争っている事例などにおいては、一回的解決に限定することは、困難であろう。また、農地及び農業用資産については、農業を承継する相続人が相続することを希望し、他の相続人が希望しないことは通例であり、

‖ 第2章 ‖ 遺産分割に関する改正 ‖

その部分だけを先に分割し^(注)、他の部分については、熟慮の上で決定することもあろう。

(注)「農業相続人が農地等を相続した場合の納税猶予の特例」を受けるためには、相続税の申告書に所定の事項を記載し期限内（相続の開始があったことを知った日から10か月目の応当日まで）に提出することが要件の一つとなっている。

　一回的解決は、望ましいものではあるが、限定することは適切ではない。なお、最高裁の判断は見当たらないが、「（上記に記載されている）遺産についてのみ分割（一部分割）しても、適切に分割し相続人間の公平を図ることができ、民法906条の分割・基準の趣旨に反することはないと解せられる」（家裁昭和47年8月14日審判）などの判断があるので、原則として、一部分割は認められているといえよう。また、民法第907条第3項は、一部分割を予定している条項であると理解することもできる。今回はその内容を明文化したものである。

▋2. 改正条文の確認

　改正前後の条文を対比してみると、次のようになる。

〔新旧対照表〕

改正後	改正前
（遺産の分割の基準） 第906条　遺産の分割は、遺産に属する物又は権利の種類及び性質、各相続人の年齢、職業、心身の状態及び生活の状況その他一切の事情を考慮してこれをする。	
（遺産の分割の協議又は審判等） 第907条　共同相続人は、次条の規定により被相続人が遺言で禁じた場合を除き、いつでも、その協議で、遺産の<u>全部又は一部</u>の分割をすることができる。	（遺産の分割の協議又は審判等） 第907条　共同相続人は、次条の規定により被相続人が遺言で禁じた場合を除き、いつでも、その協議で、遺産の分割をすることができる。

改正後	改正前
2　遺産の分割について、共同相続人間に協議が調わないとき、又は協議をすることができないときは、各共同相続人は、その<u>全部又は一部の</u>分割を家庭裁判所に請求することができる。<u>ただし、遺産の一部を分割することにより他の共同相続人の利益を害するおそれがある場合におけるその一部の分割については、この限りでない。</u>	2　遺産の分割について、共同相続人間に協議が調わないとき、又は協議をすることができないときは、各共同相続人は、その分割を家庭裁判所に請求することができる。
3　<u>前項本文</u>の場合において特別の事由があるときは、家庭裁判所は、期間を定めて、遺産の全部又は一部について、その分割を禁ずることができる。	3　前項の場合において特別の事由があるときは、家庭裁判所は、期間を定めて、遺産の全部又は一部について、その分割を禁ずることができる。

〔下線部分：改正〕

(1)　第907条第1項

　上述の通り、「全部又は一部の」を追加することにより、「一部分割」ができることが明文化された。

(2)　第907条第2項

　遺産の分割について、共同相続人間に協議が調わないとき、又は協議をすることができないことがある。その場合には、各共同相続人は、その全部又は一部の分割を家庭裁判所に請求することができる。なお、この手続きは、平成25年1月1日以後は、家事事件手続法及び家事事件手続規則（最高裁判所が定めた規則）が適用されることとなっている。

　ただし、遺産の一部を分割することにより他の共同相続人の利益を害するおそれがある場合におけるその一部の分割については、この限

りでないとして、一部分割を認めないこととしている。

　一部分割をしても、残余の分割により全体として適正な分割がされることが確実であるような場合には、家庭裁判所は一部分割を許容することになる。しかし、先行する一部分割により財産を取得した者が、後の分割において（あるいは最終分割までに）十分な代償金を準備できる見込みがない場合や、他の未分割の財産についての換価の見込みがない場合などは、請求を却下することになる。

⑶　第907条第3項

　所要の見直しであり、実質的な改正はない。

　この第3項が規定する「特別の事由」とは、分割当事者が変動する余地のある親子関係の存否（認知するか否か等）が争われている場合、第三者と所有権について係争している財産（相続人は相続財産として主張している。）の割合が他の相続財産と比較して大きい場合などが考えられる。

3. 実務への影響

　一部分割が可能である旨が明文化されたが、実務上は、一部分割は広く行われており、大きな影響はないものと考えられる。

　もっとも、別の問題が発生している。いわゆる「空き家」、「所有者不明土地」及び「耕作放棄地」等の問題である。共同相続人が相続したくない財産があることは事実である。

　例えば、利用価値のない（乏しい）山林や、居住する見込みのない故郷の住宅（両親が住んでいたが、相続により空き家となっている。）などである。法務省の資料によると、自然人名義の土地のうち「最後の登記から50年以上経過しているもの」の割合は、大都市部で6.6%であり、中山間地域で26.6%である（平成29年6月6日公表の「不

動産登記簿における相続登記未了土地調査について」)。また、農林水産省の調査結果によると、登記名義人が死亡していることが確認された農地（相続未登記農地）は約47万ヘクタールであり、登記名義人の生死がその市町村の住民基本台帳上において生死が確認できず、相続未登記となっているおそれのある農地は約45万ヘクタールである。合計面積は約93万ヘクタールとなり、農地面積の約2割に達しているとの試算がある。

　これらの問題は、民法の規定における一部分割とは直接の関係はなく、他の法律上の措置で解決すべきものである。

第2章 | 遺産分割に関する改正

4 遺産分割に関する改正等④
―遺産の分割前に遺産に属する財産が処分された場合の遺産の範囲―

1. 改正の要点及び必要性

(1) 改正の要点

　遺産の分割前に遺産に属する財産が「第三者により処分」された場合には、共同相続人は、共同相続人の全員の同意により、当該処分された財産が遺産の分割時に遺産として存在するものとみなして、以後の分割に係る手続を進めることができる。

　遺産の分割前に遺産に属する財産が「共同相続人の一人又は数人により処分」された場合には、共同相続人は、共同相続人の全員（処分をした者を除く。）の同意により、当該処分された財産が遺産の分割時に遺産として存在するものとみなして、以後の分割に係る手続を進めることができる。

(2) 改正の必要性

　土地建物について争われた事件において、「共同相続人が分割前の遺産を共同所有する法律関係は、基本的には民法249条以下に規定する共有としての性質を有すると解するのが相当であつて〔中略〕、共同相続人の一人から遺産を構成する特定不動産について同人の有する共有持分権を譲り受けた第三者は、適法にその権利を取得することができ〔中略〕、他の共同相続人とともに右不動産を共同所有する関係にたつが、右共同所有関係が民法249条以下の共有としての性質を有するものであることはいうまでもない。」（最高裁昭和50年11月7日判決）としている。

すなわち、相続財産は、相続人間で分割されるまでの間は、他の相続人とともに共有し、その共有持分権を第三者に譲り渡すことが認められている。

その結果、相続開始後、遺産分割前に、共同相続人による財産処分が行われた場合には、処分を行った者が処分をしなかった場合と比べて利得をするという不公平が生じ得る（次の**2.**参照）。

したがって、公平かつ公正な遺産分割を実現するために、法律改正により、救済手段を設ける必要がある。

2. 財産処分があった場合についての見解

相続開始後、遺産分割前に、共同相続人による財産処分が行われた場合には、その共同相続人によって、自己の共有持分の処分がされた場合と同様の取扱いをすべきことになるものと考えられるが、この点について明文上の規律はなく、また、明確にこれに言及した最高裁判例も見当たらない。

学説も、次のようにいくつかの見解がある。

---

① 持分譲渡の対価についても代償財産として遺産分割の対象とすべきという見解

② 一部分割がされたのと同様に、当該遺産を取得したこととして、その具体的相続分を算定すべきである（場合によっては代償金支払などの問題が生じる。）という見解

③ 遺産分割は、相続開始時に存在し、かつ、現存する遺産を対象とする手続であることから、相続開始の前後に、一部の相続人が、無断で第三者に遺産である不動産を売却して代金を隠匿したり、無断で被相続人名義の預金口座から預貯金の払戻しを受けたりしたとしても、そのようなものは、遺産分割の対象となる遺産の範囲には属さないし、遺産分割事件における分割審理の対象とはならない。

> 　これらは、<u>不法行為又は不当利得の問題として民事訴訟により解</u><u>決されるべき問題である。</u>
> 　ただし、相続人がその事実を認め、現存遺産に含めて分割の対象とすることに合意すれば、その相続人が処分した預貯金等を取得したものとして処理することが可能となるにすぎないなどと論じる見解

　③の見解によった場合、遺産分割は、相続開始時に存在し、かつ、遺産分割時に存在する財産を共同相続人間において分配する手続であるところ、相続人が勝手に処分したり、第三者が相続財産を毀損、滅失させたりした場合など遺産分割時には存在しない財産については、遺産分割の対象とはならないものとなる。

　筆者もこの見解に基づいて処理する家事事件の当事者になった経験があるが、「存在する財産だけを分割します。他の相続人による財産の処分については、ここでは扱いません。」との説明を家庭裁判所で聞いて、驚いたことがある。同時に、相続税の申告実務との乖離に唖然としたものである。

　もっとも、遺産分割時には存在しない財産であっても、これを当事者が遺産分割の対象に含める旨の合意をした場合には、遺産分割の対象となるものと考えられ、その考え方は、累次の判例によって承認されてきたところであり（最高裁昭和54年2月22日判決ほか）、また、現行の実務においても既に定着した考え方であるといえる。

　すなわち、相続人の一人が、葬儀に要する費用を被相続人の死亡の前に預貯金から引き出したり、事業をしている被相続人の期限のある債務（手形や借入金など）を弁済するために、被相続人の財産を処分したりする場合などは、後にその者が、その旨を認めれば、その処分した財産も相続財産に含めて以後の手続を進めるだけである。

　しかし、問題となるのは、相続人の一人が相続財産を処分してその代金を取り込み、かつ、その財産を遺産分割の対象に含める旨の合意

をしない場合である。

立法による解決が必要である。

3. 改正条文

次の条文が創設された。

> （遺産の分割前に遺産に属する財産が処分された場合の遺産の範囲）
> 第906条の2　遺産の分割前に遺産に属する財産が処分された場合で
> あっても、共同相続人は、その全員の同意により、当該処分された
> 財産が遺産の分割時に遺産として存在するものとみなすことができ
> る。
> 2　前項の規定にかかわらず、共同相続人の一人又は数人により同項
> の財産が処分されたときは、当該共同相続人については、同項の同
> 意を得ることを要しない。

これによると、次のような場合分けになる。

場面設定	共同相続人の対応
〔第1項〕 遺産の分割前に遺産に属する財産が、誰かにより、処分された場合	共同相続人は、その全員の同意により、当該処分された財産が遺産の分割時に遺産として存在するものとみなすことができる。
〔第2項〕 遺産の分割前に遺産に属する財産が、共同相続人の一人又は数人により、処分された場合	処分をした共同相続人については、同意を得ることを要せず（処分をしなかった共同相続人の全員による同意で足りる。）、当該処分された財産が遺産の分割時に遺産として存在するものとみなすことができる。

同意の対象は、処分された財産を遺産分割の対象に含めることである。誰によって処分されたのか（第三者であるのか、共同相続人であるのか）については、同意の対象ではない。また、同意を要するのは、共同相続人の全員であるのが原則であるが、処分者である共同相続人の同意を得ることは要しない。

例えば、「遺産の分割前に遺産に属する財産」（土地X及び預貯金Y）が共同相続人（配偶者A及び子B）により処分された場合には、その処分をした者以外の共同相続人（子C及び子D）の全員（子Cと子Dの二人の同意）により、処分された財産（土地X及び預貯金Y）を遺産分割の対象に含めることができるのである（子Dが不存在であれば、子Cの単独の意思表示で足りる。）。

上述の最高裁平成28年12月19日決定最高裁大法廷決定の法廷意見において、遺産分割手続において基準となる相続分は、特別受益等を考慮して定められる具体的相続分であり、「遺産分割の仕組みは、被相続人の権利義務の承継に当たり共同相続人間の実質的公平を図ることを旨とするものであることから、一般的には、遺産分割においては被相続人の財産をできる限り幅広く対象とすることが望まし（い）」と判示されており、また、パブリックコメントにおいても、この案を支持する意見が多かった。

今回の改正により、常識に沿い、かつ、通常の相続税実務と平仄のあった法整備がされたことになった。

第**3**章

遺言制度に関する改正

1 遺言制度に関する改正①
―自筆証書遺言の方式緩和―

1. 改正の要点及び必要性

(1) 改正の要点

自筆証書遺言は、その全文、日付及び氏名を自書（本人が自分で書くこと。自筆で作成すること）する必要があったが、添付する財産目録については、自書することを要しないことが許容された。

財産目録は、すべてのページに遺言者の署名及び押印をすることを担保措置として、ワープロでの作成のほか、登記事項証明書等の写しでも可能となった。

(2) 改正の必要性

① 遺言の検認の意義

遺言書の検認は、民法が厳格な手続きを規定している。

遺言書の保管者又はこれを発見した相続人は、遺言者の死亡を知った後、遅滞なく遺言書を家庭裁判所に提出して、その「検認」を請求しなければならない（民法1004①）。この規定は、公正証書による遺言には適用されない（同②）。また、封印のある遺言書は、家庭裁判所で相続人等の立会いの上開封しなければ、開封することができない（同③）^(注)。

検認とは、相続人に対し遺言の存在及びその内容を知らせるとともに、遺言書の形状、加除訂正の状態、日付、署名など検認の日現在における遺言書の内容を明確にして、その後の遺言書の偽造・変造を防止するための手続である。すなわち、検認は、遺言の有効・無効を判

断したり、その有効性を担保する手続ではない。

（注）遺言書を提出することを怠り、その検認を経ないで遺言を執行し、又は、家庭裁判所外においてその開封をした者は、秩序罰としての金銭罰（5万円の過料）が課される（民法1005）。もっとも、この手続を経ないで開封しても無効にはならないが、開封と検認に係る義務が免責されることはない。その旨が検認調書に記載されることになり、変造や加筆があったのではないかとの疑義が生じ、紛争のリスクを高めることとなることに留意が必要である。

② **検認件数の増加**

家庭裁判所における遺言書（自筆証書遺言及び秘密証書遺言等）の検認件数（新受件数）は、次のように年々増加している。秘密証書遺言等がほとんど作成されていないので、大半は自筆証書遺言であると考えられる。

昭和60（1985）年	3,301　件
平成5（1993）年	7,434　件
平成10（1998）年	8,825　件
平成15（2003）年	11,364　件
平成20（2008）年	13,632　件
平成25（2013）年	16,708　件

上記は、検認の数であって、まだ検認されていない自筆証書遺言の数は、同様に増加しているものと推察される。

③ **自筆証書遺言の要件**

改正前の民法は、自筆証書遺言について次のように規定している。

（自筆証書遺言）
第968条　自筆証書によって遺言をするには、遺言者が、その全文、日付及び氏名を自書し、これに印を押さなければならない。〔改正ナシ〕

2 自筆証書中の加除その他の変更は、遺言者が、その場所を指示し、これを変更した旨を付記して特にこれに署名し、かつ、その変更の場所に印を押さなければ、その効力を生じない。〔改正により、一部変更の上、第3項となった。後述〕

　このように、全文、日付及び氏名の全て自書しなければならない自筆証書遺言は、高齢者等にとって全文を自書することはかなりの労力を伴うものであり、この点が自筆証書遺言の利用を妨げる要因になっているとの指摘がされていた。

　さらに、遺言内容の加除訂正についても、他の文書と比べてもかなり厳格な方式がとられていることから、その方式違反により遺言者の最終意思が遺言に反映されないおそれがあるとの指摘もされていた。

‖第3章‖ 遺言制度に関する改正 ‖

〔自筆証書遺言の作成例・加除訂正の例〕

民法（相続関係）部会	参考資料4

自筆証書遺言及び公正証書遺言の作成例

自筆証書遺言の作成例

遺　言　書

1　私は，私の所有する次の不動産を，長男甲野一郎（昭和○年○月○日生）
　に相続させる。
　　①　土地
　　　　所在　○○市○○区○○町○丁目
　　　　地番　○番○
　　　　地積　○○㎡
　　②　建物
　　　　所在　○○市○○区○○町○丁目○番地○
　　　　家屋番号　○番○
　　　　種類　居宅
　　　　構造　木造瓦葺2階建
　　　　床面積　1階　○○㎡
　　　　　　　　2階　○○㎡
2　私は，次男甲野次郎に対し，私の所有する預貯金の中から，現金~~1000~~
　万円を相続させる。　　　　　　　　　　　　　　　2000㊞
　　　　　　　　　　　　第2項1行目「1000」の文字4字を削除し，
　　　　　　　　　　　　「2000」の文字4字を加えて変更する。甲野太郎
3　私は，妻甲野花子に対し，1及び2に記載した財産以外の預貯金，有価証
　券その他一切の財産を相続させる。
4　私は，この遺言の遺言執行者として長男甲野一郎を指定する。

　平成27年9月8日
　　　　住所　東京都千代田区霞が関1丁目1番1号
　　　　　　　　甲　野　太　郎　　㊞

※　全文の自書が必要。

作成例中に、「構造」が「木造瓦葺2階建」とあるが、「瓦葺」などは、読むことができても、日常は書く機会の少ない文字である。実例としては、「鉄骨造亜鉛メッキ鋼板葺2階建」のように、文字数の多いものもあり、倉庫などの附属建物があると、その記載も必要となる。

また、区分所有のマンションの場合は、「1棟の建物表示」、「専有部分の建物表示」及び「敷地権の表示」が必要となる。

さらに、土地が30筆ある場合や預貯金口座が50口あるような場合を想定すると、そのすべてを自筆で作成し、誤記した箇所を加除訂正する労力は相当なものとなる。

上記の事例では、訂正箇所は1か所であるが、複数である場合はその箇所ごとの加除訂正となる。

このように、民法は、遺言については、自筆要件と検認手続の履践を厳密に規定している。それ自体は当然の規定であるが、高齢化社会における遺言のあり方を考えると、可能な範囲で他の選択肢も提供したり、要件を緩和したりする必要がある。

2. 遺言制度の概要

(1) 遺言自由の原則

民法は、「相続の法定原則」を定めているが（民法886以下）、民法の根底にある「私的自治の原則」の観点から、遺言制度により、被相続人（遺言者）の意思表示によって法定原則の一部を修正している。これを「遺言自由の原則」という。

ただし、法定相続人には、最低の相続分としての「遺留分」が認められている。

民法は、「自己の財産は自由に処分することができるという原則」と「親に愛されない子供を守るための措置」の2つの要請に応えてい

第3章 遺言制度に関する改正

ると考えることができる。

⑵ 遺言でなし得る行為

遺言は法律行為の一種であり、遺言ですることのできる行為が法定されている。主なものは次の通りである。

	行為とその内容	根拠条文
相続の法定原則の修正	相続人の排除・排除の取消し	893、894②
	相続分の指定	902
	遺産分割方法の指定・遺産分割の禁止	908
	遺贈の減殺の割合	1034但書
	包括遺贈・特定遺贈に係る行為	964（今回の改正）
身分関係に関する行為	認知	781②
	後見人又は後見監督人の指定等	839、848
	遺言執行者の指定又は指定の委託	1006

⑶ 遺言と遺贈の関係

今回の改正は、民法960条（遺言）、同964条（包括遺贈及び特定遺贈）及び同968条（自筆証書遺言）が密接に関係してくる。概要、次のような関係となる。

遺言は、民法の定める方式（次の⑷参照）に従わなければ、することができない（民法960）。遺贈には、包括遺贈と特定遺贈があるが、遺言者は、包括又は特定の名義で、その財産の全部又は一部を処分することができる（民法964）。

なお、今回の改正により、「ただし、遺留分に関する規定に違反することができない。」（改正前民法964但し書）の部分が削除されたが、遺留分の規定に違反していると認められる場合は、遺留分権利者が受遺者又は受贈者に金銭請求することとなる。すなわち、遺留分に関す

る規定に違反した場合には、無効になるのではなく、減殺の対象となるのであり、その趣旨から、今回の改正で削除されたものと考えられる。

⑷　遺言の方式と種類

遺言の種類には、次のようなものがある。

方式		種類	根拠条文	
普通方式		自筆証書遺言	968	今回の改正
		公正証書遺言	969	
		秘密証書遺言	970	対応的改正
特別方式	危急時遺言	死亡危急者遺言	976	
		船舶遭難者遺言	976	
	隔絶地遺言	伝染病隔離者遺言	977、980	
		在船者遺言	978、980	

特別方式は極めて例外的なものである。

普通方式のうち、秘密証書遺言について、簡記しておく。秘密証書遺言は、遺言の存在を明確にしておきつつ、文字通り、その内容については秘密（公証人も内容及び形式には不関与）とするものである。遺言（遺言書）を「自書」（自書作成）することができなくても（ワープロ打ちでも可）、証書及び封紙に「署名」（自署）できれば、形式的には有効となるが、遺言書そのものには公証人の関与がないので、内容不明（解釈不能）や方式不備により、その効力に紛争が生ずる危険性がある。代替の方法として、大半が自筆証書遺言を作成することになるものと推察され、秘密証書遺言の作成例は少ないとされているので、実務上、検討する必要はほぼないと言える。したがって、以下、自筆証書遺言と公正証書遺言についてのみ言及することとする。

⑸ 自筆証書遺言と公正証書遺言の特徴

① 自筆証書遺言の特徴

　一般的に、自筆証書遺言の特徴（メリットとデメリット）は、次のように対比される。

メリット	デメリット
自由に作成し、書き直すことができる。	形式不備や内容が不明確であること等により、その有効性や解釈がトラブルの原因となる。
保管場所を問わない。	遺言書が発見されないこと、紛失・盗難・隠匿されること、偽造されることのリスクがある。
費用がかからない。	家庭裁判所の検認が必要で、費用がかかる。

　メリットは、そのままデメリットの要因となっている。

② 公正証書遺言の特徴

メリット	デメリット
専門家である公証人が作成するため、遺言内容や様式不備による無効等の心配がない。	公証人に依頼するので、遺言書作成の手数料がかかる。
公証人と証人の立会いの下、遺言者の意思を確認しながら遺言書を作成するため、有効性や解釈についてトラブルになる可能性が極めて低いとされている。	2名以上の証人を必要とするため、遺言内容の秘密が保ちにくいという指摘がある。
家庭裁判所での検認手続きが不要、相続開始後、直ちに遺言書の内容を実行に移すことができる。	―
遺言書の原本は公証役場で保管（20年間又は遺言者が百歳に達するまでのどちらか長い期間）される。正本や謄本を紛失した場合にも、新たに謄本の交付を受けることができる。	―
検索システムがある（後述）。	―

　このように、遺言の行う際には、公正証書遺言が適切であるといえる。筆者も、顧客が遺言を作成する場合には、公正証書遺言によるべ

きであると助言している。しかし、民法が自筆証書遺言の方式を認めており、かつ、上記のように、自筆証書遺言の作成数が増加していると推測される中、自筆証書遺言のあり方を見直す必要があると考えられる。すなわち、「あるべき論への誘導」のほか、「実態への対応」も必要なのである。

3. 改正の内容

(1) 条文の確認

（自筆証書遺言）
第968条（第1項は上記のまま）
2　前項の規定にかかわらず、自筆証書にこれと一体のものとして相続財産（第997条第1項に規定する場合における同項に規定する権利を含む。）の全部又は一部の目録を添付する場合には、その目録については、自書することを要しない。この場合において、遺言者は、その目録の毎葉（自書によらない記載がその両面にある場合にあっては、その両面）に署名し、印を押さなければならない。〔新設〕
3　自筆証書<u>（前項の目録を含む。）</u>中の加除その他の変更は、遺言者が、その場所を指示し、これを変更した旨を付記して特にこれに署名し、かつ、その変更の場所に印を押さなければ、その効力を生じない。〔下線部：改正〕

　第2項が要件の緩和とその担保措置であり、第3項の追加箇所が目録の変更等の方法である。改正前の第2項に「前項の目録を含む。」が追加されて、第3項となったが、ワープロ等での作成の場合において、加除等の訂正をする場合には、目録の全体を再作成することが通例になるであろう。
　なお、第2項には、「第997条第1項に規定する場合における同項

に規定する権利を含む。」とある。同条及び関連する条項は、次の通りである。

> （相続財産に属しない権利の遺贈）
> 第996条　遺贈は、その目的である権利が遺言者の死亡の時において相続財産に属しなかったときは、その効力を生じない。ただし、その権利が相続財産に属するかどうかにかかわらず、これを遺贈の目的としたものと認められるときは、この限りでない。
> 第997条　相続財産に属しない権利を目的とする遺贈が前条ただし書の規定により有効であるときは、遺贈義務者は、その権利を取得して受遺者に移転する義務を負う。
> 2　前項の場合において、同項に規定する権利を取得することができないとき、又はこれを取得するについて過分の費用を要するときは、遺贈義務者は、その価額を弁償しなければならない。ただし、遺言者がその遺言に別段の意思を表示したときは、その意思に従う。

　他人の権利を目的とする遺贈については、原則として無効とするが（民法996本文）、これと異なる遺言者の意思を優先させ（民法996）、相続財産に属しない権利であっても、遺言者がそれを遺贈の目的としたと認められるときは、その遺贈を有効であるとする（民法996但し書）。そして、遺贈義務者は、原則としてその権利を取得した受遺者に移転する義務を負い（民法997①）、それができない場合等に、金銭で償うことになる（同②）という内容である。民法上、このような場合も規定しているが、通常の遺言書作成においては、ほとんど生じない事例であろう。

(2)　実務の対応

①　改正後の条文の概要

改正後の内容を次のように読み替えてみる。

自筆証書遺言は、すべて自書することが原則である。

　しかし、本文は自筆証書とし、これと一体のものとして財産目録を添付する場合には、その目録については、自書することを要しない。

　その目録は、ワープロで作成したもの、他人が書いたもの、登記事項証明書、預金通帳の写し等でも認められる。

　この場合には、遺言者は、その目録の「自書によらない記載がある面」のすべてに署名・押印をしなければならない。

②　実務上の留意事項

　氏名は、戸籍と同一であることまでは要せず、遺言者が日常的に用いている通称やペンネームなども、同一性が認められる限りにおいて有効とされている。しかし、実務上の紛争を避けるためには、戸籍通りの氏名を記載することが適切である。

　押印に用いられる印鑑は、法定されていないので、認印でも有効であるが、実印が望ましい。拇印及び花押については、学説上及び判例上、興味深い判断等があるが、実務上は避けるべきである。

③ 実際の自筆証書遺言

〔事例1〕登記事項証明書を利用する場合

民法（相続関係）部会	参考資料

参考資料：財産の特定に必要な事項について自書によらない加除訂正
を認める場合の例

遺　言　書

第一条　私は，私の所有する別紙記載の土地を，長男法務一郎（昭
　　　　和三十年一月一日生）に相続させる。

第二条　私は，私の名義の全ての預貯金を，次男法務次郎（昭和三
　　　　十三年六月一日生）に相続させる。

第三条　私は，この遺言の遺言執行者として，次の者を指定する。
　　　　住　　所　　東京都千代田区九段南一丁目一番十五号
　　　　職　　業　　弁護士
　　　　氏　　名　　東京　花子
　　　　生年月日　　昭和五十年八月一日

　　　　　　　　　　平成二十九年七月十八日
　　　　　住所　東京都千代田区霞が関1丁目1番1号

　　　　　　　　　　法　務　五　郎　㊞

　上記本文中の「別紙記載の土地」を「別紙二記載の建物」
と改める。
　　　　　法　務　五　郎

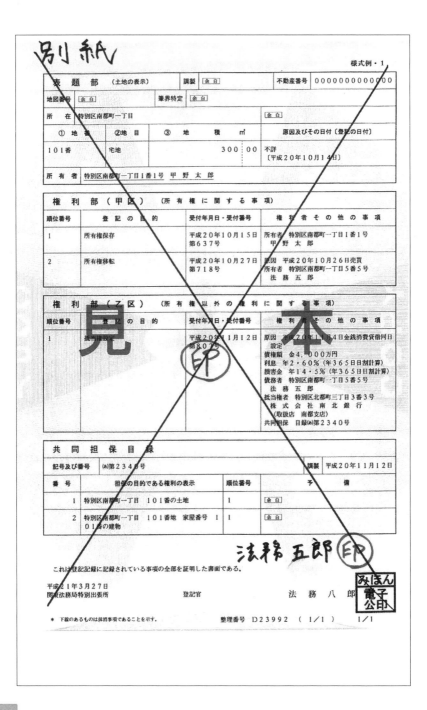

第3章 遺言制度に関する改正

（別紙二）

様式例・2

表　題　部	（主である建物の表示）		調製	余白		不動産番号	０００００００００００００

所在図番号	余白		
所　　在	特別区南都町一丁目　１０１番地		余白
家屋番号	１０１番		余白

①　種　類	②　構　造	③　床　面　積　㎡			原因及びその日付〔登記の日付〕
居宅	木造かわらぶき２階建	１階	８０	００	平成２０年１１月１日新築
		２階	７０	００	〔平成２０年１１月１２日〕

表　題　部	（附属建物の表示）				
符　号	①種　類	②　構　造	③　床　面　積　㎡		原因及びその日付〔登記の日付〕
１	物置	木造かわらぶき平家建	３０	００	〔平成２０年１１月１２日〕

所　有　者	特別区南都町一丁目５番５号　法　務　五　郎

権　利　部　（甲　区）	（所有権に関する事項）		
順位番号	登　記　の　目　的	受付年月日・受付番号	権利者その他の事項
１	所有権保存	平成２０年１１月１２日第８０６号	所有者　特別区南都町一丁目５番５号　法　務　五　郎

権　利　部　（乙　区）	（所有権以外の権利に関する事項）		
順位番号	登　記　の　目　的	受付年月日・受付番号	権利者その他の事項
１	抵当権設定	平成２０年１１月１２日第８０７号	原因　平成２０年１１月４日金銭消費貸借同日設定 債権額　金４，０００万円 利息　年２・６０％（年３６５日日割計算） 損害金　年１４・５％（年３６５日日割計算） 債務者　特別区南都町一丁目５番５号　法　務　五　郎 抵当権者　特別区北都町三丁目３番３号　株　式　会　社　南　北　銀　行 （取扱店　南都支店） 共同担保　目録(あ)第２３４０号

共　同　担　保　目　録				
記号及び番号	(あ)第２３４０号		調製	平成２０年１１月１２日
番　号	担保の目的である権利の表示	順位番号	予　備	
１	特別区南都町一丁目　１０１番の土地	１	余白	
２	特別区南都町一丁目　１０１番地　家屋番号　１０１番の建物	１	余白	

＊　下線のあるものは抹消事項であることを示す。

整理番号　Ｄ２３９９０　（2／2）　　1／2

〔事例2〕財産目録をワープロ打ちする場合

遺　言　書

第1条　私は、私の所有する別紙目録1に記載した財産を、妻である
　　　法務春子（昭和30年3月3日生）に相続させる。

第2条　私は、私の所有する別紙目録2に記載した財産を、長男であ
　　　る法務夏生（昭和55年5月5日生）に相続させる。

第3条　私は、私の所有する別紙目録3に記載した財産を、長女であ
　　　る法務秋子（昭和60年6月6日生）に相続させる。

第4条　私は、遺言執行者として、次の者を指定する。

　　　　　　　住　所　大阪市中央区谷町1丁目5番4号
　　　　　　　職　業　税理士
　　　　　　　氏　名　近畿敏夫（昭和25年2月5日生）

　　　平成30年6月18日

　　　　　遺言者
　　　　　　住　所　大阪市天王寺区堂ケ芝2丁目11番11号
　　　　　　氏　名　法務一郎　㊞

第3章 遺言制度に関する改正

別紙目録1

　遺言者法務一郎が妻である法務春子に相続させる財産は、次の通りである。

〔以下略〕

別紙目録2

　遺言者法務一郎が長男である法務夏生に相続させる財産は、次の通りである。

〔以下略〕

別紙目録3

　遺言者法務一郎が長女である法務秋子に相続させる財産は、次の通りである。

〔以下略〕

　財産目録は、各人別に記載することのほか、1つにまとめてもよい。要は、特定することができれば足りる。

④　税理士の実務上の留意事項

　今回の改正により、自筆要件が緩和されることにより、自筆証書遺言の作成事例は格段に増加するものと思われる。

　遺言者に相続財産の棚卸しをすることを依頼し、その財産を評価す

る機会が増加することが予想される。その際には、遺留分について計算することのほか、会社経営者に対しては、平成30年度税制改正で大幅に要件が緩和された事業承継税制についての説明も必要となってくる。総合的な助言業務が求められるようになる。

第3章 遺言制度に関する改正

2 遺言制度に関する改正②
─自筆証書遺言に係る遺言書の保管制度の創設─

1. 改正の要点及び必要性

(1) 改正のポイント

　自筆証書遺言の保管制度が創設された。遺言書は、遺言者の住所地（若しくは本籍地）又は遺言者の所有する不動産の所在地の法務局において保管される。この制度による自筆証書遺言については、検認手続が不要となる。

(2) 改正の必要性

　自筆証書遺言には、次のような問題点やリスクがある。

○自筆証書遺言は、遺言証書原本が公証役場で厳重に保管される公正
　証書遺言とは異なり、作成後に遺言書が紛失し、又は相続人によっ
　て隠匿若しくは変造されるおそれがある。
○相続人は、民法第915条第1項の規定により、自己のために相続の
　開始があったことを知った時から3か月以内に相続を承認するか、
　放棄するかを決めなければならない。しかし、相続開始後速やかに
　遺言の有無及び内容を確認することができなければ、その判断を適
　切に行うことは困難といえる。
○被相続人が自筆証書遺言を作成していた場合であっても、相続人が
　遺言書の存在を把握することができないまま遺産分割が終了するこ
　とがある。
○遺言書が存在しないものとして進められた遺産分割協議が遺言書の
　発見により無駄になるおそれがある。
○複数の遺言書が発見された場合や、一部の相続人が遺言書の偽造又

107

は変造を主張した場合には、遺言書の作成の真正等をめぐって深刻な紛争が生ずることになる。

次のような具体的な事例を想定してみる。

〔事例1〕

封印された遺言書を発見した同居の長女が、検認手続を経ずに、開封し、内容を確認したところ、自分に不利な内容であったので、廃棄し、「遺言書はなかった。」と他の相続人に伝えた。

〔事例2〕

封印された遺言書を発見した同居の長女が、検認手続を経ずに、開封し、内容を確認したところ、自分に有利な内容であったので、「遺言書があった。封印されていなかった。」と他の相続人に伝えた。

〔事例3〕

封印された遺言書を発見した同居の長女が、検認手続を経ずに、開封し、内容を確認したところ、自分に有利な内容であったので、「遺言書があった。確認のために、開封してしまった。」と他の相続人に伝えた。

事例1のように廃棄することは論外であるが、事例2及び事例3の場合も、動機としては不適切極まりないものである。ただし、いずれもの場合も、現実に起こり得る事例である。

(3) 遺言検索システムの不存在

公正証書遺言については、公証人は、昭和64年（1989年）1月1日以後、日本公証人連合会において、全国的に、公正証書遺言を作成

した公証役場名、公証人名、遺言者名、作成年月日等をコンピュータで管理しているので、この「遺言検索システム」により、どの公証役場でも被相続人の遺言の有無（遺言の内容は含まない。）を照会することができるようになっている。

しかし、自筆証書遺言の多くは、自宅の金庫、仏壇、神棚、押し入れ、貸金庫などで保管するか、信頼のおける友人等に預けているかのいずれかであろう[注]。相続人において遺言書の存在を確実に認識できるかどうかは、必ずしも保証されない。自筆証書遺言の保管に関して、相続人がその存在を把握することのできる「遺言検索システム」が不存在であることが、上記(2)で示した事例の原因（誘因）の一つとなっている。

(注)　信託銀行などの財産の管理や遺言執行を事業としている者に依頼している場合には、公正証書遺言によることが原則となっているものと考えられる。

(4)　改正のスタンス

自筆証書遺言を作成した者が一定の公的機関に遺言書の原本の保管を委ねることができる制度を創設することが必要である。

2. 保管制度の創設

(1)　根拠法

民法改正（新たな条文の新設）ではなく、「法務局における遺言書の保管等に関する法律」が創設された。

(2)　法律制定の目的（法案の提出理由）

高齢化の進展等の社会経済情勢の変化に鑑み、相続をめぐる紛争を

防止するため、法務局において自筆証書遺言に係る遺言書の保管及び情報の管理を行う制度を創設するとともに、当該遺言書については、家庭裁判所の検認を要しないこととする等の措置を講ずる必要がある。これが、この法律案を提出する理由である。

3. 保管制度の内容

「法務局における遺言書の保管等に関する法律」は、概ね次のような内容となる。

(1)　趣　旨（第1条）

この法律は、法務局[注]における遺言書の保管及び情報の管理に関し必要な事項を定めるとともに、その遺言書の取扱いに関し特別の定めをするものとする。

（注）法務局の支局及び出張所、法務局の支局の出張所並びに地方法務局及びその支局並びにこれらの出張所を含む。

(2)　遺言書保管所（第2条）

遺言書の保管に関する事務は、法務大臣の指定する法務局[注]が、遺言書保管所としてつかさどる。

（注）この指定は、告示により行われる。しがって、事務処理能力や保管場所等を考慮して指定されるので、すべての法務局等が遺言書保管所になるとは限らないが、(4)の規定から、全国をカバーする必要があると考えられる。

(3)　遺言書保管官（第3条）

遺言書保管所における事務は、遺言書保管官[注]が取り扱う。

（注）遺言書保管所に勤務する法務事務官のうちから、法務局又は地方法

務局の長が指定する者をいう。行政内部の手続であるので、利用者にとっては特段の関係はない（以下、行政内部の手続は簡記する。）。

⑷　遺言書の保管の申請（第4条）

遺言者は、遺言書保管官に対し、遺言書の保管の申請をすることができる。

①　形　式

この遺言書は、法務省令で定める様式に従って作成した無封のものでなければならない。「無封」としているのは、遺言書保管官が遺言書をデータ化するためである（後述）。

②　申請所

この申請は、遺言者の住所地若しくは本籍地又は遺言者が所有する不動産の所在地を管轄する遺言書保管所 (注) の遺言書保管官に対してしなければならない。

(注) 遺言者の作成した他の遺言書が現に遺言書保管所に保管されている場合にあっては、当該他の遺言書が保管されている遺言書保管所に限る。

〔申請できる法務局等〕

右記のいずれかを管轄する遺言書保管所	遺言者	住所地
		本籍地
	遺言者が所有する不動産	所在地（複数の管轄がある場合は、そのいずれかでよい。）

③　申請書

申請をしようとする遺言者は、法務省令で定めるところにより、遺言書に添えて、次に掲げる事項を記載した申請書を遺言書保管官に提出しなければならない。

〔申請書の記載事項〕

> ● 遺言書に記載されている作成の年月日
>
> ● 遺言者の氏名、出生の年月日、住所及び本籍^{(注1) (注2)}
>
> ● 遺言書に、受遺者又は遺言執行者^(注3)の記載があるときは、その氏名又は名称及び住所
>
> ● 上記の他、法務省令で定める事項

(注1) 本籍について、外国人にあっては、国籍

(注2) 遺言者の氏名、出生の年月日、住所及び本籍について、これらの事項を証明する書類その他法務省令で定める書類を添付しなければならない。

(注3) 民法第1006第1項の規定により指定された遺言執行者をいう。

④ 遺言者本人による手続

遺言者が申請をするときは、遺言書保管所に自ら出頭して行わなければならない。他人に委任又は委託することはできない。

⑸ 遺言書保管官による本人確認（第5条）

遺言書保管官は、申請があった場合には、申請人が本人であることを確認するための手続を実施する。本人確認の手続の方法は未定であるが、マイナンバーカード、運転免許証、旅券（パスポート）等の提示が求められることになるものと思われる。

⑹ 遺言書の保管等（第6条）

① 遺言書の保管

遺言書の保管は、遺言書保管官が遺言書保管所の施設内において行われる。

② 遺言書の閲覧

遺言者は、その申請に係る遺言書が保管されている遺言書保管所（特

定遺言書保管所という。）の遺言書保管官に対し、自ら出頭し、一定の手続をすることにより、いつでも当該遺言書の閲覧を請求することができる。自ら出頭することを必須としているのは、遺言者以外の者（相続人等）に、遺言の偽造や変造の動機を与えることを防止するためである。

この点、遺言書保管所となる法務局等に自ら出頭することのできない者（例えば、入院中である者）については、この制度を利用することはできないことになる。その場合には、公証人に自宅又は病院等に出張してもらった上で公正証書遺言とすることが選択肢となる。

(7) 遺言書に係る情報の管理（第7条）

遺言書に係る情報の管理は、磁気ディスクをもって調製する遺言書保管ファイルに、遺言書の画像情報の他一定の事項を記録することによって行われる。

〔画像保存される情報〕

- ●遺言書の画像情報
- ●遺言書に記載されている作成の年月日
- ●遺言者の氏名、出生の年月日、住所及び本籍（国籍）
- ●受遺者又は遺言執行者の記載があるときの、その氏名又は名称及び住所
- ●遺言書の保管を開始した年月日
- ●遺言書が保管されている遺言書保管所の名所及び保管番号

(8) 遺言書の保管の申請の撤回（第8条）

遺言者は、特定遺言書保管所の遺言書保管官に対し、自ら出頭し、一定の手続をすることにより、いつでも保管の申請を撤回することができる。

⑼　遺言書情報証明書の交付等（第9条）

　関係相続人等^(注1)は、遺言書保管官に対し、遺言書保管所に保管されている遺言書^(注2)について、遺言書保管ファイルに記録されている事項を証明した書面（遺言書情報証明書という。）の交付を請求することができる。

（注1）当該遺言書の保管を申請した遺言者の相続人のほか一定の者が規定されている。例えば、受遺者、認知するものとされた子、保険金受取人の変更により保険金受取人となるべき者などの他、さらに政令で定める者も含まれる予定である。

（注2）その遺言者が死亡している場合に限る。

⑽　遺言書保管事実証明書の交付（第10条）

　自己が関係相続人等に該当する遺言書(関係遺言書という。)に限り、「遺言書保管事実証明書」^(注)の交付を請求することができる。この「遺言書保管事実証明書」の交付請求は、公証役場における「遺言検索システム」に対応するものである。

（注）「関係遺言書の保管の有無」、関係遺言書が保管されている場合には「遺言書に記載されている作成の年月日」及び「遺言書が保管されている遺言書保管所の名所及び保管番号」が証明事項である。

　　　この交付請求は、「関係遺言書を現に保管する遺言書保管所の遺言書保管官」に対する請求は当然のことながら、検索に資するべきものであることから、「関係遺言書を現に保管する遺言書保管所以外の遺言書保管官」に対してもすることができる。

　　　なお、請求の相手が「遺言書保管官」となっている。民法部会の審議の過程において、市町村役場等も遺言書の保管場所の候補として検討されたが、プライバシー保護（地方の役場であれば、遺言者と顔見知りの担当者がいる場合もある。）、人事異動のサイクル（市町村役場

は2〜3年で人事異動が通例である。）のほか、保管能力等を考慮して、法務局において専門担当者を設置することが適切であるとされた。実務上は、一般に、「税務署長に対して申告する」を「税務署に提出する」と理解されていることと同様であり、「法務局において請求手続をする」の意味に解してよい。

⑾　遺言書の検認の適用除外（第11条）

　家庭裁判所での遺言の検認手続（民法1004①）は、遺言書保管所に保管されている遺言書については、適用しない。

　検認が不要であるということは、遺言書の状態を確認する必要がないということであって、遺言の内容の有効であるかどうかとは関係がない。

⑿　手数料（第12条）

　遺言書の保管の申請をする者、遺言書の閲覧を請求する者及び遺言書情報証明書又は遺言書保管事実証明書の交付を請求する者は、物価の状況のほか、当該各号に定める事務に要する実費を考慮して政令で定める額の手数料を納めなければならない。

⒀　その他（第13条〜第17条）

　行政手続法の適用除外等の規定がされているが、この制度の利用者には通常必要ない事項であるので、省略する。

⒁　政令への委任（第18条）

　この法律に定めるもののほか、遺言書保管所における遺言書の保管及び情報の管理に関し必要な事項は、政令で定める

⒂　施行日（附則）

　この法律は、公布の日から起算して2年を超えない範囲内において政令で定める日から施行される。

4. 税理士業務への影響等

⑴　自筆証書遺言の作成の増加への対処

　この点については、「遺言制度に関する改正①」で述べた通りである。

⑵　保管制度の利用の確認

　税理士が相続税の申告業務を受託した場合には、依頼人である相続人等に対して、公証役場の「遺言検索システム」を利用することのほか、まず、法務局において「遺言書保管事実証明書」の交付を請求することにより遺言書保管所等を特定し、次に、その遺言書保管所の遺言書保管官に対して「遺言書情報証明書」の交付を請求することを助言する必要がある。

||第3章|遺言制度に関する改正||

3 遺言制度に関する改正③
―遺贈義務者の引渡義務等―

1. 改正の要点及び必要性

⑴ 改正の要点

　遺贈の目的となる物又は権利が相続財産に属するものであった場合には、遺贈義務者は、原則として、その物又は権利を、相続が開始した時の状態で引き渡し、又は移転する義務を負うものとする。

⑵ 改正の必要性

① 債権法との整合性の確保

　民法の債権法の改正により、売買等の担保責任に関する規律について見直しが行われたこととの整合性から、「遺贈の担保責任」についても改正が必要であると考えられた。

② 「贈与者の引渡義務等」との対比

　改正された債権法のうち、関連するのは贈与と売買契約である。

　贈与に係る改正後の条文は、「贈与は、当事者の一方がある財産を無償で相手方に与える意思を表示し、相手方が受諾をすることによって、その効力を生ずる。」（民法549）であり、改正前の「自己の財産」の文言が改正により「ある財産」となった。

　これは、「他人の財産権をもって贈与の目的とすることも可能であって、かような場合には、贈与義務者はみずからその財産権を取得して受贈者にこれを移転する義務を負担するもので、かかる贈与契約もまた有効に成立するものと解すべき」（最高裁昭和44年1月31日判決）とする判例を条文化したものである。すなわち、「他人物贈与」であっ

117

ても有効に贈与契約が成立することになる。

そして、上記の贈与のあり方を踏まえて、改正前の「贈与者の担保責任」の規定が削除され、「贈与者の引渡義務等」の条項が新設された。改正前後の条文は次の通りである。

改正後（新設）	改正前（削除）
（贈与者の引渡義務等） 第551条　贈与者は、贈与の目的である物又は権利を、贈与の目的として特定した時の状態で引き渡し、又は移転することを約したものと推定する。	（贈与者の担保責任） 第551条　贈与者は、贈与の目的である物又は権利の瑕疵又は不存在について、その責任を負わない。ただし、贈与者がその瑕疵又は不存在を知りながら受贈者に告げなかったときは、この限りでない。 2　負担付贈与については、贈与者は、その負担の限度において、売主と同じく担保の責任を負う。

契約に適合した物又は権利を引き渡すのが原則であるが、贈与契約の無償性に鑑み、贈与者の意思推定の規定を置くことにより、贈与者の責任を軽減することとなったのである（改正前の「瑕疵」の文言が削除されていることに留意）。

すなわち、「贈与の目的として特定した時の状態で引き渡し、又は移転する」ことをもって足りるとしたのである。なお、類似の改正は、売買契約においてもみられるが（民法560〜562）、省略する。

2. 改正の内容

(1) 条文の内容—引渡義務のあり方—

上記と同様に改正の前後を対比する。

|| 第3章 | 遺言制度に関する改正 ||

改正後（新設）	改正前（削除）
（遺贈義務者の引渡義務） 第998条　遺贈義務者は、遺贈の目的である物又は権利を、相続開始の時（その後に当該物又は権利について遺贈の目的として特定した場合にあっては、その特定した時）の状態で引き渡し、又は移転する義務を負う。ただし、遺言者がその遺言に別段の意思を表示したときは、その意思に従う。	（不特定物の遺贈義務者の担保責任） 第998条　不特定物を遺贈の目的とした場合において、受遺者がこれにつき第三者から追奪を受けたときは、遺贈義務者は、これに対して、売主と同じく、担保の責任を負う。 2　不特定物を遺贈の目的とした場合において、物に瑕疵があったときは、遺贈義務者は、瑕疵のない物をもってこれに代えなければならない。

　改正前の条文中の「不特定物」とは、例えば「米100キログラム」が該当する。その物が相続財産中にない場合であっても、遺贈義務者はそれを調達して、受遺者に引き渡す義務がある。また、改正前の条文中の「追奪（ついだつ）」とは、「いったん他人の権利に属したものを、権利を主張して取り戻すこと」をいう。受遺者がいったん引渡しを受けた財産について、第三者（権利者）から追奪を受けた場合には（真の権利者としては、当然の行為である。）、遺贈義務者には担保責任（具体的には、同種の別の物を準備して、受遺者に引き渡す責任）がある。この改正前条文は、次の理由により、不要となったので、全文が削除された。

　現実には事例は少ないものと思われるが、「他人物贈与」が認められているところ、遺言者が他人物を遺贈の対象とした場合に、「他人物贈与」と異なる取扱いをすることについて合理的な説明は困難である。そこで、「贈与の目的である物又は権利を、贈与の目的として特定した時の状態で引き渡し、又は移転することを約したものと推定する。」（民法551）の規定に倣って、「遺贈の目的である物又は権利を、相続開始の時の状態で引き渡し、又は移転する義務を負う。」としたのである。ただし、贈与の場合のような推定規定はない。なお、改正条文中の括弧書にある「その後に当該物又は権利について遺贈の目的

として特定した場合にあっては、その特定した時」とは、「遺贈の目的である者又は権利」を相続開始の時点において直ちに特定できるとは限らないことを考慮したものである。

　すなわち、遺贈義務者は「遺贈の目的である物又は権利」（相続財産に属する必要はない。他人物でもよい。）を「相続開始の時の状態で」引渡し又は移転すれば足りることとなった。

⑵　改正の内容―上記⑴の関連改正―

　次の条文は削除された。

> （第三者の権利の目的である財産の遺贈）
> 第1000条　遺贈の目的である物又は権利が遺言者の死亡の時において第三者の権利の目的であるときは、受遺者は、遺贈義務者に対しその権利を消滅させるべき旨を請求することができない。ただし、遺言者がその遺言に反対の意思を表示したときは、この限りでない。

　本条は、特定物の目的である物又は権利が第三者の権利（例えば、抵当権が付されていること等）の目的となっている場合に、受遺者は遺贈義務者に対して、その権利を消滅させるべきことを請求できないとするものである。受遺者は、遺贈が効力を生ずる時の現状のままでその目的物に係る権利を取得することになる。そして、但し書きにおいて、その原則に修正を加えている。

　しかし、上記の改正後の民法第998条によれば、遺贈義務者は、「相続開始の時の状態で」引渡し又は移転すれば足りることとなったので、本条は不要となり、全文が削除された。

(3) 改正の内容－「錯誤」の追加－

① 改正後の条文

（撤回された遺言の効力）
第1025条　前三条の規定により撤回された遺言は、その撤回の行為が、撤回され、取り消され、又は効力を生じなくなるに至ったときであっても、その効力を回復しない。ただし、その行為が錯誤、詐欺又は強迫による場合は、この限りでない。〔下線部追加〕

　改正前の「詐欺又は強迫」が改正により錯誤が追加され、「錯誤、詐欺又は強迫」となった。債権法改正において、「錯誤による意思表示」は、「錯誤無効」（錯誤は当初から無効）ではなく、詐欺及び強迫とともに取消の対象となったことから、「錯誤」が追加された。

　条文中の「前三条」は、遺言者は、いつでも、遺言の方式に従って、その遺言の全部又は一部を撤回することができ（民法1022）、前の遺言が後の遺言と抵触するときは、その抵触する部分については、後の遺言で前の遺言を撤回したものとみなし（民法1023①）、遺言者が故意に遺言書を破棄したときは、その破棄した部分については、遺言を撤回したものとみなす（民法1024本文）という規定である。

　この民法1025条は理解しにくい条文の一つであろう。第一遺言（01年3月1日）が、第二遺言（01年7月1日）により、その一部（子Aに不動産Bを相続させる。）が撤回された。その場合、第一遺言は、その撤回された範囲又は限度において失効する（他の部分は有効である。）。さて、第二遺言（01年7月1日）そのものがその後に撤回（01年11月1日）された場合に、「子Aに不動産Bを相続させる。」に係る部分の効力が復活するか否かの問題がある。この点について、「復活主義」と「非復活主義」の二つの考え方があるが、民法は「非復活

主義」を採用している。これに関する議論は興味深いが、第二遺言により第一遺言の一部が「失効」したのであるから、その部分については当初より不成立であったと理解するのが簡明である。

　なお、但し書きで、その行為が「錯誤、詐欺又は強迫」による場合は、この限りでないとしている。すなわち、第一遺言の一部を撤回する行為（第二遺言による撤回）が「錯誤、詐欺又は強迫」によるものである場合は、「非復活主義」の原則は排除されて、第一遺言の「子Aに不動産Bを相続させる。」の部分が復活することになる。

第3章｜遺言制度に関する改正

4 遺言制度に関する改正④ ─遺言執行者の権限の明確化等─

　今回の民法改正により、遺言執行者の権限の明確化が図られた。税理士が遺言執行者に指定される事例も既に一定割合あると思われ、今後はさらに増加するものと推察されるので、遺言執行に関する項目については、改正項目以外についても触れることとする。

1. 遺言執行者の指定と選任等

　この項目についての改正はない。

(1)　遺言執行者の指定

　遺言者は、遺言で、一人又は数人の「遺言執行者の指定」をすることができる（民法1006①前段）。

　「できる規定」であるが、他に「遺言執行者の指定」に係る法令や条項がないことから、遺言者が「遺言執行者の指定」をする場合には、必ず遺言によらなければならないと解されている。この指定は、「財産分与等を表示している遺言」と同一の遺言である必要はなく、「遺言執行者のみを指定する遺言」も有効である。もっとも、同一の遺言で指定されるのが通例である。

(2)　遺言執行者の指定の委託

　遺言者は、遺言で遺言執行者の指定を第三者に委託することができる（民法1006①後段）。

　上記(1)と同様に、「遺言執行者の指定の委託」も遺言によらなければならないと解されている。その場合に、委託を受けた者は、遅滞なく、その指定をして、これを相続人に通知をしなければならないし（民法

123

1006②)、委託を受けた者がその委託を辞退しようとするときは、遅滞なく、その旨を相続人に通知しなければならない（民法1006③）。

⑶　遺言執行者の選任

遺言執行者がないとき、又はなくなったときは、家庭裁判所は、利害関係人の請求によって、これを選任することができる（民法1010）。

民法上、遺言執行者が必要であるのは、認知（民法781②、戸籍法64）、遺言による「推定相続委任の廃除」及び「廃除の取消」（民法893、894②、戸籍法97）のみである。遺言執行者が存在する場合は、相続人は相続財産に対する管理処分権を失うことになるが（民法1012、1013参照）、遺言執行者が不存在である場合は、相続財産の管理処分権は、相続人が有することになる。したがって、遺言執行者の選任・不選任は、相続人の任意である。

遺言に記載されていた遺言執行者が先に死亡している場合や、相続人の数が多くて、手続に協力してもらうのが困難である場合などは、遺言執行者の選任を家庭裁判所に請求することが適切であろう。

また、登記手続における次のような相違も考慮する必要がある。

相続人に対して「不動産を相続させる」の遺言の場合は、不動産を承継する相続人が単独で相続登記申請をすることができる。これに対して、「不動産を遺贈する」（第三者に対する遺贈のほか、相続人に対する遺贈を含む。）の場合は、受遺者を登記権利者とし、遺言者の相続人全員を登記義務者として、相続人全員で遺贈による所有権移転登記の申請をすることが必要となる。この場合において、遺言執行者が存在すれば、受遺者（登記権利者）と遺言執行者（登記義務者）で登記申請が可能となる。

遺言を作成することについて相談を受けた場合は、当初から遺言執行者を指定しておくことを助言しておくべきである。

第3章 遺言制度に関する改正

⑷ 遺言執行者の欠格事由

未成年者及び破産者は、遺言執行者となることができない（民法1009）。

他の条項で規定されている欠格事由はないので、この2事例のみである。

自筆証書遺言の場合は、信頼のおける者（例えば、顧問税理士や弁護士など）を指定し、公正証書遺言の場合は、証人の一人を遺言執行者と指定することが多いであろう^(注)。

(注) 公正証書によって遺言をする場合には、「証人二人以上の立会い」（民法969一）が要件の一つとなっている。なお、①未成年者、②推定相続人及び受遺者並びにこれらの配偶者及び直系血族、③公証人の配偶者、4親等内の親族、書記及び使用人は、遺言の証人又は立会人になることができない（民法974）。

なお、「民法の一部を改正する法律」（成年年齢関係）の成立（2022年4月1日施行）により、成年年齢が20歳から18歳に引き下げられた。喫煙年齢や飲酒年齢のように20歳が維持されるべきものに該当していないので、改正法施行後は18歳に達していれば、年齢による欠格事由には該当しないことになる。

なお、「法定された欠格事由」とは別に、「現実上の欠格事由」もあるであろう。例えば、遺言執行者について財産管理能力がない者（浪費家など）や事務手続能力が十分でない者であると相続人が判断すれば、解任手続きをとることになる（民法1019①）。

2. 遺言執行者と相続人等の間の通知等

⑴ 遺言執行者に対する就職の催告

この項目についての改正はない。

相続人その他の利害関係者は、相当の期間を定め、その期間内に就職を承諾するかどうかを確答すべき旨を遺言執行者に催告することができる（この催告期間は、法定されていないので、常識の範囲で考えることになるであろう。）。

　催告をした場合に、遺言執行者がその期間内に相続人に対して確答しないときは、就職を承諾したものとみなされる。

　なお、遺言執行者がその任務に就くことを、「就職」という。通常の用語の「就任」と同義に考えてよい。

(2)　遺言執行者の任務の開始

①　改正条文

民法第1007条第2項が追加された。

（遺言執行者の任務の開始）

第1007条　遺言執行者が就職を承諾したときは、直ちにその任務を行わなければならない。

2　遺言執行者は、その任務を開始したときは、遅滞なく、遺言の内容を相続人に通知しなければならない。〔新設〕

（相続財産の目録の作成）

第1011条　遺言執行者は、遅滞なく、相続財産の目録を作成して、相続人に交付しなければならない。

2　遺言執行者は、相続人の請求があるときは、その立会いをもって相続財産の目録を作成し、又は公証人にこれを作成させなければならない。

---

②　遺言執行者への就職の承諾と拒絶

この項目についての改正はない。

　遺言執行者に指定された者が就職を承諾するか否かは、指定された者が決定する。当然のことながら、就職を承諾する義務はない。承諾

と拒絶（拒否）の意思表示の要否及び方法については、法定されていないので、書面と口頭の別を問わない。ただし、拒絶の場合は、書面（状況によっては、内容証明郵便など）によることが望ましいであろう。

そして、就職を承諾したときは、直ちにその任務を行わなければならず（民法1007①）、かつ、遅滞なく、相続財産の目録を作成して、相続人に交付しなければならない（民法1011）。なお、財産目録の内容は法定されていないので、相続財産を具体的に明らかにすれば足り（リストの作成）、個々の財産の評価額までは不要である。

③ 相続人への通知

改正により新設された項目である。

民法第1007条第2項に「遺言執行者は、その任務を開始したときは、遅滞なく、遺言の内容を相続人に通知しなければならない。」ことが追加された。

筆者の経験であるが、遺言者の依頼により公正証書遺言の「正本」[注1]を預かっていた場合に、相続が開始して、遺言執行者に就職するに際して、「就職の承諾」と「任務の開始」について、相続人への通知義務が法定されていないことに気付き、驚いたことがある。

今回の改正により、遺言執行者が就職を承諾したときは、「就職の承諾」と「任務の開始」の旨を相続人に併せて通知するのが実務上の対応となる。その際には、遺言書の写しを添付することが望ましく、相続財産の目録を作成するために、相続人に協力を依頼することが必要になるであろう。

なお、遺言執行者がいない場合には、相続人が自ら遺言内容（受遺者への遺贈も含まれる。）を履行することになる。しかし、受遺者にはそのような責務はない。したがって、遺言執行者は、特定遺贈に係る受遺者に通知する義務はないが、手続きを円滑に進捗させる上で、必要に応じて通知をすることになる[注2]。

(注1) 公証役場に保管されるのが「原本」であり、その写しが「謄本」である。「原本」と「正本」は各1通であるが、「謄本」は何通でも発行してもらうことができる。

(注2) 包括遺贈の場合における包括受遺者は相続人と同一の権利義務を有するので（民法900）、包括受遺者には通知する義務があると解すべきであろう。なお、特定遺贈に係る放棄については、時期的な制限はないが（民法986①）、包括遺贈に係る放棄は、相続の開始があったことを知った日から3か月以内にしなければならない（民法938、915）。

3. 遺言執行者の権利義務

（遺言者の権利義務）

第1012条　遺言執行者は、<u>遺言の内容を実現するため、</u>相続財産の管理その他遺言の執行に必要な一切の行為をする権利義務を有する。〔下線部追加〕

<u>2　遺言執行者がある場合には、遺贈の履行は、遺言執行者のみが行うことができる。</u>〔新設〕

<u>3　第644条から第647条まで及び第650条の規定は、遺言執行者について準用する。〔第2項から第3項に移動〕</u>

(1) 遺言執行者の権利義務

「遺言執行者の任務は、遺言者の真実の意思を実現するにあるから、民法1015条が、遺言執行者は相続人の代理人とみなす旨規定しているからといつて、必ずしも相続人の利益のためにのみ行為すべき責務を負うものとは解されない。」（最高裁昭和30年5月10日判決）とされている。

すなわち、遺言執行者は、「遺言者の真実の意思を実現する」ことがその職務であり、そのために相続財産の管理その他遺言の執行に必

要な一切の行為をする権利義務を有することになる。この点、今回の改正により、判例法理である「遺言の内容を実現すること」が条文中に追加され、その旨が明確となった。

　この結果、遺留分の減殺請求がされた場合など、「遺言者の意思」と「相続人の利益」が対立する場面においても、遺言執行者はあくまでも「遺言者の意思」を実現することを優先することになる。

⑵　委任の規定の準用

　遺言執行者について準用される民法の規定は、次の通りである。

> （受任者の注意義務）
> 第644条　受任者は、委任の本旨に従い、善良な管理者の注意をもって、委任事務を処理する義務を負う。
> （受任者による報告）
> 第645条　受任者は、委任者の請求があるときは、いつでも委任事務の処理の状況を報告し、委任が終了した後は、遅滞なくその経過及び結果を報告しなければならない。
> （受任者による受取物の引渡し等）
> 第646条　受任者は、委任事務を処理するに当たって受け取った金銭その他の物を委任者に引き渡さなければならない。その収取した果実についても、同様とする。
> 2　受任者は、委任者のために自己の名で取得した権利を委任者に移転しなければならない。
> （受任者の金銭の消費についての責任）
> 第647条　〔略〕
> （受任者による費用等の償還請求等）
> 第650条　〔略〕

　すなわち、遺言執行者と相続人の関係は、委任関係となる。

4. 遺言の執行の妨害行為の禁止

第1013条 遺言執行者がある場合には、相続人は、相続財産の処分その他遺言の執行を妨げるべき行為をすることができない。
2 前項の規定に違反してした行為は、無効とする。ただし、これをもって善意の第三者に対抗することができない。〔新設〕
3 前二項の規定は、相続人の債権者（相続債権者を含む。）が相続財産についてその権利を行使することを妨げない。〔新設〕

(1) 執行を妨げる行為の禁止

第1項は当然の規定である。

(2) 絶対的無効の見直し

第2項の新設についてであるが、第1項の規定に違反してした行為の効力については、法定されていなかった。考えられる選択肢としては、「無効」と「取消」の別、「無効」である場合に「絶対的無効」と「相対的無効」の別がある（学説は省略する。）。

判例は、「民法1012条1項が『遺言執行者は、相続財産の管理その他遺言の執行に必要な一切の行為をする権利義務を有する。』と規定し、また、同法1013条が『遺言執行者がある場合には、相続人は、相続財産の処分その他遺言の執行を妨げるべき行為をすることができない。』と規定しているのは、遺言者の意思を尊重すべきものとし、遺言執行者をして遺言の公正な実現を図らせる目的に出たものであり、右のような法の趣旨からすると、相続人が、同法1013条の規定に違反して、遺贈の目的不動産を第三者に譲渡し又はこれに第三者のため抵当権を設定してその登記をしたとしても、相続人の右処分行為は無効であり、受遺者は、遺贈による目的不動産の所有権取得を登記

なくして右処分行為の相手方たる第三者に対抗することができるもの
と解するのが相当である。」（最高裁昭和62年4月23日判決）として、
すべての人に対して無効（絶対的無効）としている。

そもそも遺言の有無及び遺言執行者の存在は、相続人等の当事者の
みが知り得ていることであり（非公示性）、遺言執行の状況のほか、遺
産の全体の状況についても、「相続人の債権者」及び「相続債権者」^(注)
には不明である。しかしながら、遺言執行者が存在する場合には、相
続人による相続財産の処分（譲渡等）は絶対的無効とされていた（上
記の最高裁判決）。

そうすると、相続人から相続財産の譲渡を受けようとする第三者は、
契約の締結に先立って、遺言執行者の有無や遺言執行の状況（遺言執
行が当該資産について完了しているのかどうか等）を調査する必要が
あるが、第三者が実態を完全に調査することはほとんど不可能である。

その点、今回の改正により、第1項の規定に違反してした行為は無
効としつつ、取引の安全性を確保するために、善意の第三者に対抗す
ることができないとして、均衡を図った。

(注) 相続財産に属する債務の債権者をいう（民法927①）。被相続人の債
　　権者のことと理解してよい。

(3)　相続債権者等の権利行使の容認

上記(2)と同じ理由により、第3項により、第1項及び第2項の規定
にかかわらず、「相続人の債権者」及び「相続債権者」は、相続財産
についてその権利の行使（債権者として弁済を求めること）をするこ
とができるとした。

5. 特定財産に関する遺言の執行

第1014条 前三条の規定は、遺言が相続財産のうち特定の財産に関する場合には、その財産についてのみ適用する。〔改正ナシ〕

2 遺産の分割の方法の指定として遺産に属する特定の財産を共同相続人の一人又は数人に承継させる旨の遺言（以下「特定財産承継遺言」という。）があったときは、遺言執行者は、当該共同相続人が第899条の2第1項に規定する対抗要件を備えるために必要な行為をすることができる。〔新設〕

3 前項の財産が預貯金債権である場合には、遺言執行者は、同項に規定する行為のほか、その預金又は貯金の払戻しの請求及びその預金又は貯金に係る契約の解約の申入れをすることができる。ただし、解約の申入れについては、その預貯金債権の全部が特定財産承継遺言の目的である場合に限る。〔新設〕

4 前二項の規定にかかわらず、被相続人が遺言で別段の意思を表示したときは、その意思に従う。〔新設〕

(1) 第1項〔改正ナシ〕

本条項は、遺言執行者の権限を制限する規定である。すなわち、遺言が特定の相続財産に関する場合には、遺言執行者の権利義務は当該財産に限定されることを明らかにしたものである。その反射効として、当該財産以外の財産については、相続人が管理処分権を有することになる。

(2) 第2項〔新設〕

民法第908条は、「遺産の分割の方法の指定及び遺産の分割の禁止」について、「被相続人は、遺言で、遺産の分割の方法を定め、若しくはこれを定めることを第三者に委託し、又は相続開始の時から5年を超え

ない期間を定めて、遺産の分割を禁ずることができる。」と規定している。この前段部分が「遺産の分割の方法の指定」（例えば、「相続人甲には土地Aを承継させる。」等の遺言内容）であり、その指定のあった遺言が、今回創設された第2項の「遺産に属する特定の財産を共同相続人の一人又は数人に承継させる旨の遺言」（特定財産承継遺言）となる。

　その「特定財産承継遺言」があったときは、遺言執行者は、当該共同相続人が第899条の2第1項に規定する対抗要件を備えるために必要な行為をすることができる[注]。

(注) 民法第899条の2第1項は、今回の改正で新設されたものであり、「相続による権利の承継は、遺産の分割によるものかどうかにかかわらず、第900条（法定相続分）及び第901条（代襲相続人の相続分）の規定により算定した相続分を超える部分については、登記、登録その他の対抗要件を備えなければ、第三者に対抗することができない。」（表現の一部を変更）というものである。

　概ね判例法理を条文化したものと考えられる。なお、この第2項は一般原則であるが、第3項で預貯金債権の規定があるので、第2項は主に動産、債権及び不動産等に係る遺言執行者の対抗要件具備行為について規定したものとなる。

⑶　第3項〔新設〕

　「特定の預貯金について特定の相続人に相続させる」旨の遺言の場合に、遺言執行者がその相続人のために（実感として、相続人が多忙であるとか、手続きが面倒である等の理由により、遺言執行者に手続きを任せたいという希望は多い。）、払戻しの手続をすることができるか否かについては、最高裁判決はなく、下級審は、次のように判断が分かれている。

　遺言執行者からの請求を認めるものとしては、「遺言執行者がある

場合には、相続人は相続財産の処分その他遺言の執行を妨げる行為をすることができず、遺言執行者は相続人の代理人とみなされるから、遺言執行者から遺言執行として預金の払戻請求があった場合には、銀行は払戻を拒むことができない。」（東京高裁平成11年5月18日判決）という判決がある。

　これに対して、遺言執行者からの請求を認めないものとしては、「本件遺言が有効であるとすれば、その相続財産であり、かつ、可分の金銭債権である本件預金等や本件買戻し代り金について、当該相続人2名が当然に各2分の1というその持分割合に応じて分割承継してこれを取得するものというべきである。そうすると、本件預金等の払戻しや本件買戻し代り金の支払について遺言執行の余地が生じることはなく、遺言執行者は、遺言の執行として被控訴人銀行又は被控訴人会社に対し払戻し又は支払を求める権限を有し、又は義務を負うことにはならないといわざるを得ない。」（東京高裁平成15年4月23日判決）という判決もある。

　なお、上記は、預貯金債権が可分債権であるとされていた段階での判決であることに留意が必要である（最高裁平成28年12月19日決定により、預貯金債権は可分債権であると判断された。）。

　ところで、実際の金融機関の実務では、遺言執行者に預貯金の払戻しを認めている事例が通常化しているようであり（筆者も経験がある。）、同様の事実は広く指摘はされていることから、実態を法整備によって許容し、解決を図ることが必要とされたのである。

　すなわち、第2項の財産が預貯金債権である場合には、遺言執行者に、預貯金の払戻しの請求及びその預貯金契約の解約の申入れをする権限を与えることとした(注)。

　ただし、「解約」の申入れについては、その預貯金債権の「全部」（例えば1億円の全額）が特定財産承継遺言の目的である場合に限られる。

その預貯金債権の「一部」（例えば3,000万円）が特定財産承継遺言の目的である場合には、残りの部分（7,000万円）について、遺言執行者に保管義務が生ずることになり、実務上、適切ではないし、他の法的な問題も生ずるからである。なお、その場合は、預貯金債権の「一部」（3,000万円）の「払戻し」の申入れをすれば足りることになると考えられる（7,000万円は預貯金として継続する。）。

(注) 申入れを受けた金融機関は、その真実性等を独自に判断することになる。

┃6. 遺言執行者の行為の効果

改正後	改正前
第1015条　遺言執行者がその権限内において遺言執行者であることを示してした行為は、相続人に対して直接にその効力を生ずる。	第1015条　遺言執行者は、相続人の代理人とみなす。

　改正前は「遺言執行者の地位」として「遺言執行者は、相続人の代理人とみなす」と規定されていた。遺言執行に関しての代理人であることは理解できるが、一般人には誤解を招く規定ぶりであると言えよう。遺言執行者は、すべての行為について相続人の代理人ではない。

　また、遺言執行者は、遺言内容が特定の相続人を廃除することが含まれており、その相続人を廃除するための申立をすることもあり、遺言執行者と相続人は対立関係になることもあり得る。遺言執行者は、遺言者の意思である遺言を実現することが職務であり、相続人の利益のために相続財産を管理処分するのではない（上記**3.**参照）。

　したがって、民法第1012条第1項が「遺言執行者は、遺言の内容を実現するため、相続財産の管理その他遺言の執行に必要な一切の行為をする権利義務を有する。」と改正されたことに対応して、本条の

趣旨について、「遺言執行者の地位」（改正前）を「遺言執行者の行為の効果」（改正後）に改め、「遺言執行者がその権限内において遺言執行者であることを示してした行為は、相続人に対して直接にその効力を生ずる」となった。

7.遺言執行者の復任権

改正後	改正前
第1016条　遺言執行者は、自己の責任で第三者にその任務を行わせることができる。ただし、遺言者がその遺言に別段の意思を表示したときは、その意思に従う。 2　前項本文の場合において、第三者に任務を行わせることについてやむを得ない事由があるときは、遺言執行者は、相続人に対してその選任及び監督についての責任のみを負う。	第1016条　遺言執行者は、やむを得ない事由がなければ、第三者にその任務を行わせることができない。ただし、遺言者がその遺言に反対の意思を表示したときは、この限りでない。 2　遺言執行者が前項ただし書の規定により第三者にその任務を行わせる場合には、相続人に対して、第105条に規定する責任を負う。

改正前の条文に関係する民法第104条及び第105条の規定は、次の通りである。

（任意代理人による復代理人の選任）
第104条　委任による代理人は、本人の許諾を得たとき、又はやむを得ない事由があるときでなければ、復代理人を選任することができない。
（復代理人を選任した代理人の責任）
第105条　代理人は、前条の規定により復代理人を選任したときは、その選任及び監督について、本人に対してその責任を負う。
2　代理人は、本人の指名に従って復代理人を選任したときは、前項の責任を負わない。ただし、その代理人が、復代理人が不適任又は不誠実であることを知りながら、その旨を本人に通知し又は復代理人を解任することを怠ったときは、この限りでない。

第3章 遺言制度に関する改正

　改正前の復任権は、遺言執行者の復任権を制限する特別規定である。遺言執行者は、「やむを得ない事由がある場合」と「遺言によってあらかじめ復任権が許されている場合」にのみ、第三者に任務を行わせることができた。そして、その場合には、遺言執行者は、相続人に対して選任と監督の義務を負うことになる。

　しかし、次のような理由から、遺言執行者の復任権については、「やむを得ない事由」がなくても、「原則として可能」とする必要があり、かつ、それが現実的である。

法律等の専門知識の必要性	遺言執行者の職務が広範囲に及ぶ場合や、専門性の高い法律問題を含むような場合には、遺言執行者が適切に任務を遂行することが困難になることが考えられる。 　例えば、数代前から所有権移転登記がされていない不動産を想定すればよい。司法書士に委任することが適切である。
相続人間の利害関係の存在	手続等に関する能力を有する相続人の一人が遺言執行者となることにより、相続人全員の利便性が高まることがある（そのような事例も多い。）。 　しかし、相続人が遺言執行者に選任された場合や、遺言執行者が受遺者になっている場合には、遺言執行者が一部又は全部の相続人と対立関係になることがある。 　このように利害関係が対立する場合は、弁護士等に依頼することが適切である。

　上記のような改正は必要性により、遺言者がその遺言により遺言の執行を第三者に任務を行わせることを禁止した場合を除き、遺言執行者は、第三者にその任務を行わせることができることとなった。

　その上で、第三者に任務を行わせることについてやむを得ない事由があるときは、民法第105条の規定と同様に、遺言執行者に、相続人に対して選任及び監督についての責任のみを負わせることとした。

第**4**章

遺留分制度に関する改正

1　遺留分制度に関する改正①
―基礎的な事項の確認―

1. 遺留分とは

　人は自分の財産を生前に自由に処分することができ、さらに、被相続人は、法定相続分及び代襲相続人の相続分に係る規定（民法900、901）にかかわらず、遺言で、共同相続人の相続分を定め、又はこれを定めることを第三者に委託することができる（民法902①本文）。これを「財産処分の自由の原則」という。

　これに対して、相続の際に、被相続人が相続人のために一定の割合の財産を保障するために遺留分制度が設けられている（民法1042以下）。その点から、遺留分に係る権利（遺留分権）を不可侵的相続権ということがあり、同制度を「親に愛されない子を守るための制度」と見ることもできる。

2. 遺留分の帰属及び割合

　遺留分を有する法定相続人は、配偶者、子（又はその代襲相続人）及び直系尊属であり、兄弟姉妹（及びその代襲相続人である甥・姪）には遺留分権はない。甥・姪までは代襲相続できるが、甥及び姪には遺留分権はない。

　今回の民法改正において該当条項の改正は行われているが、基本的な内容に変更はない[注1]。遺留分の帰属及びその割合は次の通りである（民法1042）。

║第4章║ 遺留分制度に関する改正║

相続人の区分		遺留分を算定するための財産の価額（民法1043）に乗じる割合（民法1042①）
直系尊属のみが相続人である場合	3分の1	相続人が数人ある場合には、左記の割合は、これらに民法第900条及び第901条の規定により算定したその各自の相続分を乗じた割合とする（民法1042②）^(注2)。
上記以外の場合	2分の1	

(注1)「遺留分の規則及びその割合」を規定していた民法1028条は削除され、実質的に同一内容である民法1042条が新設されている。

(注2) 今回の改正で新設されたものである。解釈によっていた内容を法定化したものである。実質的な変更はない。

2 遺留分制度に関する改正②
─遺留分減殺請求権の効力及び法的性質の改正─

1. 改正の要点及び必要性

(1) 改正の要点

　遺留分権利者又はその承継者は、受遺者又は受贈者に対して、遺留分相当額に相当する金銭の支払を請求することができるようになった。

(2) 改正の必要性

① 司法判断

　「遺留分権利者の減殺請求により贈与又は遺贈は遺留分を侵害する限度において失効し、受贈者又は受遺者が取得した権利は右の限度で当然に減殺請求をした遺留分権利者に帰属するものと解するのが相当」（最高裁昭和51年8月30日判決）であるとしている。このような効果を「物権的効果」という。

　例えば、遺贈又は贈与の目的財産が土地等である場合には、減殺請求によって、受遺者又は受贈者が取得した権利のうち、遺留分を侵害した部分については減殺請求をした遺留分権利者に帰属し、当該土地は「受遺者又は受贈者」と「遺留分権利者」との共有となる。

　すなわち、減殺請求の結果、遺贈又は贈与の目的財産は受遺者又は受贈者と遺留分権利者との共有になり、既に発生している紛争に加え、共有関係の解消をめぐって将来において新たな紛争を生じさせる原因にもなる。また、株式や店舗等の事業用の財産が減殺請求の対象となった場合には、遺贈又は贈与を受けた事業承継人と他の相続人（遺留分権利者）との共有となる結果、円滑な事業承継を困難にする原因となる。

第4章 遺留分制度に関する改正

② 民法の規定

民法は、「遺留分権利者に対する価額による弁償」の規定を設け、「受贈者及び受遺者は、減殺を受けるべき限度において、贈与又は遺贈の目的の価額を遺留分権利者に弁償して返還の義務を免れることができる。」（改正前の民法1041①）としていた。

ただし、条文上、金銭的解決の選択権は、受贈者及び受遺者に委ねられており、請求権者には与えられていなかった。もっとも、共有関係を回避するために、実務上は、金銭的に解決が行われる事例が多いものと思われる。

2. 改正条文

遺留分侵害額の請求の原則を金銭的請求に変更するために、次の改正が行われた。

(1) 民法第1040条及び1041条の削除

物権的請求権を原則とする次の規定が削除された[注]。

（受贈者が贈与の目的を譲渡した場合等）

第1040条 減殺を受けるべき受贈者が贈与の目的を他人に譲り渡したときは、遺留分権利者にその価額を弁償しなければならない。ただし、譲受人が譲渡の時において遺留分権利者に損害を加えることを知っていたときは、遺留分権利者は、これに対しても減殺を請求することができる。

2 前項の規定は、受贈者が贈与の目的につき権利を設定した場合について準用する。

（遺留分権利者に対する価額による弁償）

第1041条 受贈者及び受遺者は、減殺を受けるべき限度において、贈与又は遺贈の目的の価額を遺留分権利者に弁償して返還の義務を

143

免れることができる。

2　前項の規定は、前条第1項ただし書の場合について準用する。

第1040条は、減殺を受けるべき受贈者が贈与の目的を他人に譲り渡したときは、既に当該目的物が存在しないのであるから、金銭的解決しか残されていないことを明示しているものである。第1041条の内容については、上記の通りである。

(注)　遺留分に係る規定の大半（民法1028～1041、1043）が削除されている。一部改正及び新設を含めて、遺留分については大改正となった。

⑵　民法第1046条の新設

①　金銭的請求権

遺留分減殺請求権の法的性質を金銭的請求権とする次の規定が新設された。

第1046条　遺留分権利者及びその承継人は、受遺者（特定財産承継遺言により財産を承継し又は相続分の指定を受けた相続人を含む。以下この章において同じ。）又は受贈者に対し、遺留分侵害額に相当する金銭の支払を請求することができる。

2　〔後述〕

遺留分権利者及びその承継人は、受遺者又は受贈者に対し、遺留分侵害額に相当する金銭の支払を請求することができる。すなわち、改正後の「遺留分侵害額請求権」は、改正前の「遺留分減殺請求権」と同様に形成権であることを前提に、その権利の行使により遺留分侵害額に相当する金銭債権が発生することになった。なお、金銭債権化されたことにより、金銭債権上固有の論点（遅延損害金など）が生ずることになる。

第4章 遺留分制度に関する改正

② 遺留分侵害請求権の期間の制限

第1048条　遺留分侵害額の請求権は、遺留分権利者が、相続の開始
　　及び遺留分を侵害する贈与又は遺贈があったことを知った時から1
　　年間行使しないときは、時効によって消滅する。相続開始の時から
　　10年を経過したときも、同様とする。

　遺留分侵害額の請求権は、遺留分権利者が、相続の開始及び遺留分
を侵害する贈与又は遺贈があったことを知った時から1年間行使しな
いときは、時効によって消滅する。相続開始の時から10年を経過し
たときも、同様である[注]。

(注) 民法1042条の文言が一部変更され、民法1048条となった。

③ 受遺者等が無資力の場合

第1047条
4　受遺者又は受贈者の無資力によって生じた損失は、遺留分権利者
　　の負担に帰する。

　受遺者又は受贈者の無資力によって生じた損失は、遺留分権利者の
負担に帰する（民法1047④）。

④ 受遺者又は受贈者の請求による金銭債務の支払に係る期限の許与

第1047条
5　裁判所は、受遺者又は受贈者の請求により、第1項の規定により負
　　担する債務の全部又は一部の支払につき相当の期限を許与すること
　　ができる。

　裁判所は、受遺者又は受贈者の請求により、上記①の規定により負
担する債務の全部又は一部の支払につき、相当の期限を許与すること
ができる（民法1047⑤）。

3 遺留分制度に関する改正③
―遺留分を算定するための財産の価額―

1. 改正の要点及び必要性

(1) 改正の要点

　遺留分を算定するための財産の価額は、被相続人が相続開始の時において有した財産の価額にその贈与した財産の価額を加えた額から債務の全額を控除した額である（今回の改正により、民法1029条が1043条となり、条文の一部が変更されているが、実質的な改正はない。）。

　実質的な改正としては、遺留分の算定に係る贈与の範囲と時期が整序されたことである（民法1030条が1044条となった）。

(2) 改正の必要性

① 最高裁判決による条文の解釈

　改正前の民法第1030条は、遺留分算定の基礎となる財産に含める生前贈与については、「相続開始前の1年間にしたものに限り」その価額を算入（いわゆる「持戻し」）するものと規定していた。

> 第1030条（改正前）　贈与は、相続開始前の1年間にしたものに限り、前条の規定によりその価額を算入する。当事者双方が遺留分権利者に損害を加えることを知って贈与をしたときは、1年前の日より前にしたものについても、同様とする。

　この条項について、最高裁平成10年3月24日判決を基礎として、次のように解釈されていた。

	受贈者の区分	財産の価額に算入する範囲
相続人以外の者に対する贈与	通常の場合（下記以外）	民法第1030条の通り、「相続開始前の1年間にしたものに限り」その価額を算入する。
	損害を加える意図を知って贈与した場合	その時期を問わず、原則としてその全てを遺留分算定の基礎となる財産の価額に算入する。
相続人に対する贈与		

② 改正前規定の問題点

まず、民法の条文は、「相続人に対する贈与」と「相続人以外の者に対する贈与」を区分していないので、上記のように読み取ることは不可能である。

最高裁判決によると、受贈者が相続人である場合には、同条が規定する「相続開始前の1年間にしたものに限り」の適用がなく、相続人に対する生前贈与については時期的な限定が設けられていないことになる。学者からも実務家からも、この考え方には問題があるとの指摘があった[注]。

次に、最高裁判決に基づくと、被相続人が相続開始時の何十年も前にした相続人に対する贈与の存在によって、第三者である受遺者又は受贈者が受ける減殺の範囲が大きく変わることになる。

そして、第三者である受遺者又は受贈者は、相続人に対する古い贈与の存在を知り得ないのが通常であるため、第三者である受遺者又は受贈者に不測の損害を与え、その法的安定性を害するおそれがある。

(注) 例えば、生前贈与が相続人に対してされたことを理由に、これを無限定に遺留分算定の基礎となる財産に算入すると、相続開始時の財産が「債務超過の状態」であっても、過去何十年にもわたる生前贈与がこの基礎財産に算入され（積極財産のみが加算される。）、遺留分の算定をする際に「資産超過の状態」になることもある。

③ 改正のスタンス

相続開始前にされた贈与を一定の範囲で遺留分算定の基礎となる財産に含めることは適切であると考えられるが、その期間は比較的短期間に限定すべきものと考えられる。

また、判例法理を参照することなく、民法の条文のみで解釈できるようにしておく必要がある。

2. 相続人に対する生前贈与の範囲に関する規律

改正前の民法1030条が改正により1044条となった。

> 第1044条　贈与は、相続開始前の1年間にしたものに限り、前条の規定によりその価額を算入する。当事者双方が遺留分権利者に損害を加えることを知って贈与をしたときは、1年前の日より前にしたものについても、同様とする。〔条文番号の変更のみ〕
> 2　第904条の規定は、前項に規定する贈与の価額について準用する。〔新設〕
> 3　相続人に対する贈与についての第一項の規定の適用については、同項中「1年」とあるのは「10年」と、「価額」とあるのは「価額（婚姻若しくは養子縁組のため又は生計の資本として受けた贈与の価額に限る。）」とする。〔新設〕

第904条が第2項に登場するので、関連する条項を次に示しておく。

> （特別受益者の相続分）―再掲―
> 第903条　共同相続人中に、被相続人から、遺贈を受け、又は婚姻若しくは養子縁組のため若しくは生計の資本として贈与を受けた者があるときは、被相続人が相続開始の時において有した財産の価額にその贈与の価額を加えたものを相続財産とみなし、<u>第900条から第902条までの規定</u>により算定した相続分の中からその遺贈又は贈与の価額を控除した残額をもってその者の相続分とする。〔下線部分

第4章 遺留分制度に関する改正

が改正：実質的な改正ではない。〕

2、3〔略〕

4　婚姻期間が20年以上の夫婦の一方である被相続人が、他の一方に対し、その居住の用に供する建物又はその敷地について遺贈又は贈与をしたときは、当該被相続人は、その遺贈又は贈与について第1項の規定を適用しない旨の意思を表示したものと推定する。〔新設〕

第904条　前条に規定する贈与の価額は、受贈者の行為によって、その目的である財産が滅失し、又はその価格の増減があったときであっても、相続開始の時においてなお原状のままであるものとみなしてこれを定める。〔改正ナシ〕

〔改正後の贈与の取扱い〕

受贈者の区分		財産の価額に算入する範囲
原則 （下記以外）	相続人以外の者に対する贈与（1項前段）	「相続開始前の1年間にしたものに限り」その価額を算入する。
	相続人に対する贈与（3項）	「相続開始前の10年間にしたものに限り」その価額（一定のものに限る。）を算入する。
損害を加える意図を知って贈与した場合（1項後段）		その時期を問わず原則としてその全てが遺留分算定の基礎となる財産の価額に算入する。

　今回の改正により、相続人に対する贈与については「相続開始前の10年間にしたものに限り」その価額を算入することとされ、10年超の贈与については遺留分減殺の請求のリスクから解放された。また、算入する価額についても、「婚姻若しくは養子縁組のため又は生計の資本として受けた贈与の価額に限る」とされた。実務界からも歓迎される改正である。

　しかし、10年以内のものについては、引き続き減殺請求の対象となる。次のような事例で検討をしてみる。

149

被相続人：Ａ

相続人

　子Ｂ（事業承継者）

　子Ｃ

相続財産

　現金預金　　　２億円

生前贈与（01年）　Ａから子Ｂに自社株式のすべて

　　　　　　　　　（贈与時の時価は、債務超過等であったため０円）

相続の開始

　09年にＡが死亡した（上記の生前贈与から10年経過していない）。

遺言の内容

　被相続人Ａは、遺言により、子Ｂに現金預金５千万円、子Ｃに現金預金１億５千万円を相続させるとの遺言をした。

その他

　子Ｂの努力により、相続開始時点における自社株式の時価は８億円になっていた。

　子Ｂ及び子Ｃのそれぞれの遺留分の額は、現金預金の他に、生前に贈与した自社株式を相続の際の時価を基礎とするので、（２億円＋８億円）×１／２（遺留分の全体）×１／２（それぞれの遺留分）＝２億5,000万円となる。

（単位：万円）

相続人	子　Ｂ	子　Ｃ
相続財産（遺言）	5,000	15,000
生前贈与	80,000	
相続分＋特別受益	85,000	15,000
遺留分の額	25,000	25,000
遺留分侵害額	なし	10,000

　子Ｃは、子Ｂに対して遺留分侵害額に相当する１億円を請求することができる。子Ｂは、相続した5,000万円に自己資金5,000万円を追

加して、子Cに支払わなければならない。

　特別受益の額を計算する場合には、「贈与の価額は、受贈者の行為によって、その目的である財産が滅失し、又はその価格の増減があったときであっても、相続開始の時においてなお原状のままであるものとみなしてこれを定める」（民法904）ことになっているので、贈与を受けた自社株式の一部又は全部を譲渡又は贈与している場合であっても、全株式を引き続き所有しているものとして、相続開始の時の時価を基準として評価することになる（最高裁昭和51年3月18日判決ほか）。

　このような遺留分の問題に対処するため、経営承継円滑化法は、「遺留分に関する民法の特例」を規定している。この民法特例を活用すると、後継者を含めた現経営者の推定相続人全員の合意の上で、現経営 者から後継者に贈与等された自社株式について、次の合意が可能となる。

除外合意	遺留分算定基礎財産から除外	両方を組み合わせることも可能
固定合意	遺留分算定基礎財産に算入する価額を合意時の時価 [注] に固定をすること	

（注）固定合意の場合の時価は、合意の時における「相当な金額」として税理士、公認会計士、弁護士等による証明が必要となる。

　この特例を利用するには、一定の要件を満たした上で「推定相続人全員の合意」を得て、「経済産業大臣の確認」及び「家庭裁判所の許可」を受けることが必要となる。利用実績は少ないが、上記のようなリスクを回避するための方策として、検討しておくことが望まれる。

　なお、平成30年度税制改正により、自社株式の事業承継が容易となったが、このような遺留分減殺請求のリスクは、引き続き存在することに留意が必要である。

3. 負担付贈与に関する規律

負担付贈与がされた場合における遺留分を算定するための財産の価額に算入する贈与した財産の価額は、その目的の価額から負担の価額を控除した額とされた（1045①）[注]。

(注) 改正前の1038条の一部を変更し、学説上の対立（一部算入説・全部算入説）を立法的に解決（一部算入説を採用）したものである。

4. 不相当な対価による有償行為に関する規律

不相当な対価をもってした有償行為は、当事者双方が遺留分権利者に損害を与えることを知ってしたものに限り、当該対価を負担の価額とする負担付贈与とみなすこととされた（1045②）[注]。

(注) 改正前の1039条の一部を変更したものである。

5. 遺留分侵害額の請求

遺産分割の対象となる財産がある場合に関して、遺留分侵害額を算定するための計算式が明文化され、次の規律が設けられた（第1項については、**2 改正②2.(2)**金銭的請求権の箇所を参照）。

(遺留分侵害額の請求)

第1046条

2　遺留分侵害額は、第1042条の規定による遺留分から第一号及び第二号に掲げる額を控除し、これに第三号に掲げる額を加算して算定する。

　　一　遺留分権利者が受けた遺贈又は第903条第1項に規定する贈与の価額

　　二　第900条から第902条まで、第903条及び第904条の規定により算定した相続分に応じて遺留分権利者が取得すべき遺産の価額

三　被相続人が相続開始の時において有した債務のうち、第899条の規定により遺留分権利者が承継する債務（次条第3項において「遺留分権利者承継債務」という。）の額

　遺産分割の対象財産がある場合（既に遺産分割が終了している場合も含む。）には、遺留分侵害額の算定をするに当たり、次の手順による。

　まず、「遺留分を算定するための財産の価額」を民法第1043条から第1045までの規定に基づき算定し、それに「遺留分の帰属及びその割合」（民法1042）を適用して「遺留分」を算定する。

　次に、その「遺留分」に、「遺留分権利者が受けた特別受益の額」（民法1046②一）と「相続分に応じて遺留分権利者が取得すべき遺産の価額」（民法1046②二）を控除し、「遺留分権利者が承継する相続債務の額」（民法1046②三）を加算する。

〔計算式〕

遺留分	【遺留分を算定するための財産の価額】 ×【民法第1042条各号に掲げる遺留分率】 ×【遺留分権利者の法定相続分】
遺留分侵害額	【遺留分】 －【遺留分権利者が受けた特別受益】 －【遺産分割の対象財産がある場合[注1]には具体的相続分に応じて取得すべき遺産の価額】[注2] ＋【遺留分権利者が承継する相続債務の額】[注3]

（注1）既に遺産分割が終了している場合も含む。

（注2）寄与分による修正は考慮しない。

（注3）「各共同相続人は、その相続分に応じて被相続人の権利義務を承継する。」（民法899条）の規定による。

6. 受遺者又は受贈者の負担額

受遺者又は受贈者の負担額について、改正前の規定（民法1033～1035）が次のように改められた（民法1047①）。改正前の規定では読み取ることができない解釈も新条文には盛り込まれている。

（受遺者又は受贈者の負担額）
第1047条　受遺者又は受贈者は、次の各号の定めるところに従い、遺贈（特定財産承継遺言による財産の承継又は相続分の指定による遺産の取得を含む。以下この章において同じ。）又は贈与（遺留分を算定するための財産の価額に算入されるものに限る。以下この章において同じ。）の目的の価額（受遺者又は受贈者が相続人である場合にあっては、当該価額から第1042条の規定による遺留分として当該相続人が受けるべき額を控除した額）を限度として、遺留分侵害額を負担する。
一　受遺者と受贈者とがあるときは、受遺者が先に負担する。
二　受遺者が複数あるとき、又は受贈者が複数ある場合においてその贈与が同時にされたものであるときは、受遺者又は受贈者がその目的の価額の割合に応じて負担する。ただし、遺言者がその遺言に別段の意思を表示したときは、その意思に従う。
三　受贈者が複数あるとき（前号に規定する場合を除く。）は、後の贈与に係る受贈者から順次前の贈与に係る受贈者が負担する。

⑴　負担の順序

受遺者又は受贈者は、次の①から③までの規律に従い、遺贈又は贈与の目的の価額を限度として、遺留分侵害額を負担する。

① 受遺者と受贈者の優先劣後

受遺者	遺言により利益を受ける者 （遺贈は贈与よりも時期的に遅い）	受遺者が先に負担する。
受贈者	贈与により利益を受ける者 （贈与は遺贈よりも時期的に早い）	

② 同時に利益を受けた場合

受遺者が複数あるとき（当然に同時である）	上記①を前提としつつ、受遺者又は受贈者がその目的の価額の割合に応じて負担する[注]。
受贈者が複数ある場合においてその贈与が同時にされたものであるとき	

（注）ただし、遺言者がその遺言に別段の意思を表示したときは、その意思に従う。

③ 受贈者が複数あり、同時でない場合

受贈者が複数あり、上記②に該当しない場合（受贈の時期に前後がある場合）	後の贈与に係る受贈者から順に負担し、最も早い時期の贈与者が最後に負担する。

7. 債務の取扱い

(1) 改正の要点及び必要性

　受遺者又は受贈者が被相続人から承継した事業に係る債務が存在する場合や、その事業用資産（土地・建物等）に担保が付されている場合において、遺留分権利者が負担する相続債務を受遺者又は受贈者が債権者に対して弁済することがある。

　その場合には、遺留分権利者が遺留分侵害額について受遺者又は受贈者に金銭債権を請求する一方で、受遺者又は受贈者は、遺留分権利者に対して債務弁済に係る求償権を行使することになる。しかし、改正により、その手続を省略して、「受遺者又は受贈者が債権者に対し

て負担した債務」（の範囲を限度とする。）について、「受遺者又は受贈者が遺留分権利者に対して負担する遺留分侵害額」を減額することが可能となった。

⑵　改正条文

次の条文が新設された。

（受遺者又は受贈者の負担額）

第1047条

3　前条第一項の請求を受けた受遺者又は受贈者は、遺留分権利者承継債務について弁済その他の債務を消滅させる行為をしたときは、消滅した債務の額の限度において、遺留分権利者に対する意思表示によって第一項の規定により負担する債務を消滅させることができる。この場合において、当該行為によって遺留分権利者に対して取得した求償権は、消滅した当該債務の額の限度において消滅する。

次のような事例が考えられる。

被相続人：A

相続人

　子B（事業承継者）

　子C

相続財産・債務

　事業用資産（土地・建物・自社株式）

　　　　　　　28,000万円

　現金預金　　8,000万円

　債務　　　　4,000万円

　被相続人は、遺言により、事業用資産を子Bに、現金預金を子Cに遺贈した。

第4章 遺留分制度に関する改正

子B及び子Cのそれぞれの遺留分の額は、

$(28,000＋8,000－4,000)×1／2×1／2＝8,000$万円

(単位：万円)

	子B	子C
積極財産	28,000	8,000
債務（法定相続）	△　2,000	△2,000
相続財産（純額）	26,000	6,000
遺留分の額	8,000	8,000
遺留分侵害額	なし	2,000

子Cは、子Bに対して遺留分侵害額に相当する2,000万円の請求をした。ところが、債務は事業に係る金融機関からの借入金であり、子Bが負担することとした（金融機関も了解している。）。その結果、上記の内容は次のようになる。

(単位：万円)

	子B	子C
積極財産	28,000	8,000
債務（子Bが負担）	△4,000	消滅
相続財産（純額）	24,000	8,000
遺留分の額	8,000	8,000
遺留分侵害額	なし	なし
子Bと子Cの求償関係	新たに発生しない	

実務上のニーズに応える改正であるといえる。

157

第5章

相続の効力等に関する改正

1 相続の効力等に関する改正①
─権利の承継等─

1. 改正の要点及び必要性

(1) 改正の要点

① 対抗要件主義による規律

相続による権利の承継は、遺産の分割によるものかどうかにかかわらず、法定相続分については、登記等の要件を具備しなくても、第三者に対抗することができるものの、法定相続分を超える部分については、登記等の要件を具備しなければ、第三者に対抗することができないものとなった。

判例法理の一部を明文化し、かつ、一部を変更したものといえる。

② 債権を承継した場合の対抗要件

法定相続分を超えて債権を承継した共同相続人が当該債権に係る遺言の内容を明らかにして債務者にその承継の通知（単独通知）をしたときは、共同相続人の全員が債務者に通知をしたものとみなすこととした。

(2) 改正の必要性

第三者保護（取引の安全確保）と相続人の権利の保護の関係について、シンプルな事例で確認する。

‖第5章‖相続の効力等に関する改正‖

〔基本となる事実〕

被相続人：A
相続人
　子B
　子C
相続財産
　土地X
　その他の財産（詳細は省略）
　　なお、土地Xを単独で相続した場合においても、遺留分減殺請求の問題は生じないものとする。
土地の譲受人
　第三者D

〔事例1〕

遺産分割前（子Bと子Cが土地Xをどのように相続するのかについての協議が未了である。）に、子Cが、子Bの実印等を無断で使用するなどの方法により、土地Xを自らの名義に変更し、第三者であるDに土地を譲渡した場合

　子Cの行った行為は、その行為そのものについての違法性もあることながら、少なくとも子Bの持分に関する限り、無権利の登記である。この場合には、子Bは、子C及び第三者Dに対して、子Bの持分についてのみ「一部抹消（更正）の登記手続」を請求することができる（最高裁昭和38年2月22日判決）。

　同判決によると、「相続財産に属する不動産につき単独所有権移転の登記をした共同相続人中の乙ならびに乙から単独所有権移転の登記をうけた第三取得者丙に対し、他の共同相続人甲は自己の持分を登記なくして対抗しうるものと解すべきである。」としつつ、「各所有権取

161

得登記の全部抹消登記手続ではなくして、甲の持分についてのみの一部抹消（更正）登記手続でなければならない」としている。

この結果、土地Xは子Bと第三者Dの共有となり、今後の土地Xの使用や共有状態の解消をめぐる問題を残すこととなる。なお、第三者Dは、子Bの持分に相当する部分について子Cに対して支払った対価の額の返還を子Cに求めることになる。

〔事例2〕

> 遺産分割後（土地Xについては、子Bが相続する旨の協議が行われた。）に、子Cが、子Bの実印等を無断で使用するなどの方法により、土地Xを自らの名義に変更し、第三者であるDに土地を譲渡した場合

相続財産中の不動産について、遺産分割により権利を取得した相続人は、登記を経なければ、分割後に当該不動産につき権利を取得した第三者に対し、法定相続分を超える権利の取得を対抗することができないとした事例がある（最高裁昭和46年1月26日判決）。

民法第909条は、「遺産の分割は、相続開始の時にさかのぼってその効力を生ずる。ただし、第三者の権利を害することはできない。」と規定しており、同判決は、「民法909条但書の規定によれば、遺産分割は第三者の権利を害することができないものとされ、その限度で分割の遡及効は制限されている」としている。すなわち、同判決は、分割により不動産を取得した者（子B）に、第三者に対抗するためには登記を要求し、遡及効を制限しているのである。

解決方法としては、子Bは、子Cに対して土地Xの価額に相当する金額について損害賠償請求（民法709）等の方法により求償することになるが、子Bは土地Xに対する所有権は一切認められないこととなる。取引の安全性が優先された結果であるといえる。

上記の事例を比較すると、分割の前後で結論が異なっているが、一

般人としては、民法の規定のみからでは判断することは必ずしも容易
ではない。また、これらの事例以外についても、第三者保護と相続人
の権利保護の関係について、結論が異なる判例がある（「相続させる
遺言」と「遺贈させる遺言」のそれぞれの場合が該当するが、省略す
る。）。

　そこで、民法の改正により、共同相続における「相続人の権利の承継」
と「第三者保護（取引の安全確保）」の関係を明確にする必要がある。

2. 改正条文

　次の条文が新設され、相続による権利の承継に関する規律が明確と
なった。

　（共同相続における権利の承継の対抗要件）
　第899条の2　相続による権利の承継は、遺産の分割によるものかど
　　うかにかかわらず、次条及び第901条の規定により算定した相続分
　　を超える部分については、登記、登録その他の対抗要件を備えなけ
　　れば、第三者に対抗することができない。
　2　前項の権利が債権である場合において、次条及び第901条の規定
　　により算定した相続分を超えて当該債権を承継した共同相続人が当
　　該債権に係る遺言の内容（遺産の分割により当該債権を承継した場
　　合にあっては、当該債権に係る遺産の分割の内容）を明らかにして
　　債務者にその承継の通知をしたときは、共同相続人の全員が債務者
　　に通知をしたものとみなして、同項の規定を適用する。

---

(1)　条文の場合分け

　相続による承継する権利（義務については、後述）を「債権以外の
権利」と「債権」に分け、次のように適用される。

相続による承継する権利の種類		適用関係
債権以外（不動産・動産等）の権利	法定相続分を超える部分	民法899の2①をダイレクトに適用する。
	法定相続分以下の部分	同条項の反対解釈をすることになる。
債　権		民法899の2②の手続を経由して、民法899の2①を適用する。

⑵　「債権以外の権利」の場合における第三者との関係（民法902の2①）

①　条文の理解

　債権については、民法第902条の2第2項が規定しているので、第1項は、不動産や動産などの「債権以外の権利」の場合が該当する。

　同項中の「遺産の分割によるものかどうかにかかわらず」とは、遺産分割協議、遺言（遺贈、相続分の指定、遺産分割方法の指定）、調停や審判の別を問わないという意味である。

　同項中「次条（第900条のこと）及び第901条の規定により算定した相続分」とは、第900条（法定相続分）及び第901条（代襲相続人の相続分）の規定を適用して算定した相続分をいう。両方をまとめて、代襲相続を加味した実務上の「いわゆる法定相続分」と理解すればよい。

　なお、民法第902条の2第1項の反対解釈により、「法定相続分以下の部分」については、登記、登録その他の対抗要件を備えなくても、第三者に対抗することができることになる。

　同項中「登記、登録その他の対抗要件」とあるが、例えば、不動産については法務局で登記をすることになり、知的財産権（特許権、実用新案権、意匠権、商標権など）については特許庁で登録することとなる。

　以上を踏まえると、受益相続人は、民法第900条及び第901条の規

定により算定した相続分を超える部分については、遺言の有無・遺産分割の前後を問わず、登記、登録その他の対抗要件を備えなければ、第三者に対抗することができないことになる。

② 上記事例の結論

上記の〔事例1〕及び〔事例2〕のいずれの場合においても、次のようになる。

土地Xに係る子Bの持分		第三者との関係
法定相続分（2分の1）を超える場合におけるその超える部分	未登記	第三者に対抗することができない。
	登記済	第三者に対抗することができる。
法定相続分以下の部分		

なお、子Bと子Cの間、子Cと第三者Dの間において発生する新たな求償関係は、別途の問題である。

⑶ 債権の場合における第三者との関係（民法902の2②）

① 対象となる債権

金銭債権などの可分債権が該当する。可分債権は、遺産分割を経由することなく、相続の開始により当然に、各共同相続人にその法定相続分に応じて承継されることになっている（最高裁平成16年4月20日判決他）。

この判決によると、「相続財産中に可分債権があるときは、その債権は、相続開始と同時に当然に相続分に応じて分割されて各共同相続人の分割単独債権となり、共有関係に立つものではないと解される〔中略〕。したがって、共同相続人の1人が、相続財産中の可分債権につき、法律上の権限なく自己の債権となった分以外の債権を行使した場合には、当該権利行使は、当該債権を取得した他の共同相続人の財産に対する侵害となるから、その侵害を受けた共同相続人は、その侵害をし

た共同相続人に対して不法行為に基づく損害賠償又は不当利得の返還を求めることができるものというべきである。」としている。

なお、多くの実務においては、金銭債権等の可分債権であっても、共同相続人間でそれを遺産分割対象財産に含めるという合意を前提に、遺産分割の対象としている事例は多い。

ただし、第2章で述べた通り、可分債権の典型例であった預貯金（預貯金払戻請求権）については、「相続開始と同時に当然に相続分に応じて分割されるものではなく、遺産分割の対象となる」とされた（最高裁平成28年12月19日決定）。

また、預貯金債権に係る最高裁決定のように話題にはならなかったようであるが、共同相続された個人向け国債及び投資信託受益権についても、「相続開始と同時に当然に相続分に応じて分割されることはない」旨の判断もある（最高裁平成26年2月25日判決）。

したがって、預貯金債権と一部の金融商品については、可分債権性が否定されている（分割協議の対象とする必要がある。）。

② 条文の理解

債権には、登記等の制度が存在しないことから、債権を相続により承継した場合には、登記等の代わりに、債務者に通知をすることによって、権利関係を規律する必要がある。

相続により承継する権利が債権である場合において、「いわゆる法定相続分」を超えて当該債権を承継した共同相続人が、当該債権に係る遺言の内容を明らかにして債務者にその承継の通知をしたときは、共同相続人の全員が債務者に通知をしたものとみなし、民法第899条の2第1項の規定を適用する。

なお、「法定相続分以下の部分」については、上記(2)の「債権以外の権利」の場合と同様に、通知をすることなく、第三者に対抗することができる。

第5章 相続の効力等に関する改正

同項中、債務者に明らかにする遺言の内容は、「遺産の分割により当該債権を承継した場合にあっては、当該債権に係る遺産の分割の内容」とある。

遺言書等の交付の趣旨は、虚偽通知の防止にあることは言うまでもない。しかし、遺言書等の原本を交付すると、他の手続に支障が生ずることになる。そこで、遺言書等の原本の交付を必須の要件とするまでの必要はなく、債務者をして、客観的に遺言等の有無やその内容を判断できるような方法をもって通知することでも足りるとされた。具体的には、受益相続人が遺言の原本を提示し、債務者の求めに応じて債権の承継の記載部分について写しを交付する方法や、債権者の了解の下に債務者が必要な箇所をコピーする方法等が考えられる。遺言書等には債権の承継以外の内容も記載されているので、相続人のプライバシー保護等の観点から、交付するのは該当箇所のコピーのみで行われるべきである。

③ 具体的な手続

相続財産である債権について、法定相続分を超えて当該債権を承継した相続人がいる場合、債務者への通知は、共同相続人の全員で行う必要はなく、債権を承継した相続人が単独で通知をすることになる。手続の利便性を確保したものである。

通知の方法は、「確定日付のある証書による通知」である。民法第467条は、「指名債権の譲渡の対抗要件」として、「譲渡人が債務者に通知」又は「債務者が承諾」をしなければ、債務者その他の第三者に対抗することができないとし、その通知又は承諾は、「確定日付のある証書」であることを要件としている。なお、「指名債権」とは、指図債権や無記名債権と異なり、債権者が特定している通常の債権のことであり、金銭債権や賃料債権などがその代表例である。

通知又は承諾を対抗要件としているのは、二重弁済のリスクを回避

など、債務者保護のためであり、「確定日付のある証書」を求めているのは、債券取引の安全の確保と債務者保護のためである。例えば、同族会社の資金繰りのために被相続人が貸し付けていた金銭債権などは、事業承継者が単独で承継する事例が大半であると思われる。このような場合には、債務者や第三者への対抗問題が生ずることは稀であることから、実務上は、「確定日付のある証書」による通知又は承諾をしていない事例が多いが、民法条文を再確認しておくことが必要である。

　なお、「確定日付のある証書」とは、民法施行法第5条に列挙されているが、実務上は、公証役場で私署証書[注]に確定日付印を受けることのほか、債権譲渡（承諾）通知書を内容証明郵便で送ることが該当する。「普通郵便はがき」は、消印があっても「確定日付のある証書」には該当しない。

(注) 筆者は、旧債権者（譲渡人）、新債権者（譲受人）及び債務者の三者連名での「債権譲渡・譲受の確認書」を作成して、公証役場で確定日付を受けるように助言している。

第5章 相続の効力等に関する改正

2 相続の効力等に関する改正②
──義務の承継等──

1. 改正の要点及び必要性

(1) 改正の要点

　遺言により相続分の指定がされた場合においても、被相続人の債権者は、原則として、各共同相続人に対して、その法定相続分に従った権利を行使することができる旨を明文化した。

(2) 改正の必要性

　法定相続割合は、原則として、民法第900条（法定相続分）及び第901条（代襲相続人の相続分）による割合によるが、民法は「遺言による相続分の指定」（第902条）の規定を設けている。

（遺言による相続分の指定）
第902条　被相続人は、前二条の規定にかかわらず、遺言で、共同相続人の相続分を定め、又はこれを定めることを第三者に委託することができる。ただし、~~被相続人又は第三者は、遺留分に関する規定に違反することができない。~~〔改正により削除〕
2　被相続人が、共同相続人中の一人若しくは数人の相続分のみを定め、又はこれを第三者に定めさせたときは、他の共同相続人の相続分は、前二条の規定により定める。〔改正ナシ〕

　被相続人は、第900条及び第901条の規定にかかわらず、遺言で、共同相続人の相続分を定めることが認められている。すなわち、被相続人の意思により、共同相続人間の遺産分配に係る民法の原則の変更を許容するものである。また、第990条は、「包括受遺者の権利義務」

169

として、「包括受遺者は、相続人と同一の権利義務を有する。」と規定している。

これらの規定から、遺言で相続分の指定又は包括遺贈がされた場合には、被相続人の債務（消極財産）についても財産（積極財産）と同じ割合で承継（負担）すると読むことが可能である。少なくとも、一般人の理解としては成り立つものである。

ところが、司法判断は、相続債務については法定相続割合で承継するものとしている。古いものとしては、「被相続人の負債即ち相続債務は、それが可分のものであれば、相続開始と同時に、当然共同相続人に、その相続分に応じて分割承継せられるのであり、また不可分のものであつても、これを特定の相続人の負担とするのは、債務の引受として債権者の承諾なき以上効力を生じない関係にあるのであるから、遺産分割の対象たる相続財産中には、相続債務は含まれないものというべきである。」（大阪高裁昭和31年10月9日決定）としている。

また、最近においては、「上記遺言による相続債務についての相続分の指定は、相続債務の債権者（以下「相続債権者」という。）の関与なくされたものであるから、相続債権者に対してはその効力が及ばないものと解するのが相当であり、各相続人は、相続債権者から法定相続分に従った相続債務の履行を求められたときには、これに応じなければならず、指定相続分に応じて相続債務を承継したことを主張することはできないが、相続債権者の方から相続債務についての相続分の指定の効力を承認し、各相続人に対し、指定相続分に応じた相続債務の履行を請求することは妨げられないというべきである。」（最高裁平成21年3月24日判決）としている。

要するに、民法からは読み取ることができない内容（判例法理）を明文化する必要がある。

|| 第5章 | 相続の効力等に関する改正 ||

2. 改正条文

　次の条文が第902条の次に新設され、相続による債務の承継に関する規律が明確となった。

（相続分の指定がある場合の債権者の権利の行使）
第902条の2　被相続人が相続開始の時において有した債務の債権者は、前条の規定による相続分の指定がされた場合であっても、各共同相続人に対し、第900条及び第901条の規定により算定した相続分に応じてその権利を行使することができる。ただし、その債権者が共同相続人の一人に対してその指定された相続分に応じた債務の承継を承認したときは、この限りでない。

　過去に積み重なってきた司法判断を明文化するものであり、次のような場合分けになる。

相続分の指定等の有無		債権者の権利行使の態様
相続分が指定されていない場合		債権者は、各共同相続人に対し、法定相続分に応じてその権利を行使することができる。
相続分が指定されている場合	債権者が指定相続分による承継を承認しない	
	債権者が指定相続分による承継を承認する	債権者は、指定されている割合により権利行使をすることになる。

　相続分の指定による相続債務の負担のあり方は、相続人間では有効であり、債権者との関係においては、債権者の選択に委ねていることになる。

　なお、承認は、債権者が共同相続人の一人に対してその指定された相続分に応じた債務の承継を承認すれば足りる。

171

〔実務の事例〕

被相続人：Ａ

相続人

子Ｂ

子Ｃ

相続財産・債務

賃貸アパート（土地・建物）Ｘ

その他の相続財産（詳細は省略）

金融機関Ｙからの借入金　Ｚ（賃貸アパートＸを取得するためのもの）

相続の指定の内容

賃貸アパートＸと借入金Ｚについては、子Ｂが承継し、負担する。

　被相続人Ａの事業の後継者である子Ｂが、相続の指定により、業務用資産である賃貸アパートＸと借入金Ｚを承継（負担）することを含め、被相続人Ａに係るすべての分割協議は、子Ｂと子Ｃの間で成立したとする。

　子Ｂが金融機関Ｙに対して、借入金Ｚを単独で承継したと通知をした場合、金融機関Ｙは、原則として、子Ｂと子Ｃに法定割合の２分の１ずつ請求することになるが、債権の回収可能性や将来の取引関係等を総合的に判断して、子Ｂによる債務の承継を承認するかを選択することになる。

　ただし、金融機関Ｙが子Ｂによる債務の承継を承認するか否かにより、相続人の負担の態様は次のように異なる。

金融機関の選択	相続人の負担の態様	実務上の留意事項
子Ｂによる債務の承継を承認し、子Ｂにのみ請求	相続の指定の内容と一致し、子Ｂのみが債務Ｚを負担する。	借入金Ｚに係る利子が必要経費となるかどうかの検討が必要である（所基通37-27）。
子Ｂと子Ｃに法定割合で請求	相続の指定の内容と一致しないので、子Ｃが負担した部分については、子Ｂは子Ｃに対して償還することになる。	償還しない場合は、贈与税課税の対象となる。

第5章 相続の効力等に関する改正

　所得税基本通達は、「業務用資産の取得のために要した借入金の利子」について、次のように規定している（一部加工）。

37-27　業務を営んでいる者が当該業務の用に供する資産（業務の用に供される資産）の取得のために借り入れた資金の利子は、当該業務に係る各種所得の金額の計算上必要経費に算入する。ただし、当該資産の使用開始の日までの期間に対応する部分の金額については、当該資産の取得価額に算入することができる。

（注）不動産所得、事業所得、山林所得又は雑所得を生ずべき業務を開始する前に、当該業務の用に供する資産を取得している場合の当該資産の取得のために借り入れた資金の利子のうち当該業務を開始する前の期間に対応するものは、この項の適用はなく、「38-8」（取得費等に算入する借入金の利子等）の適用があることに留意する。

　子Bが相続した賃貸アパートXとそれを取得するための借入金Zが「紐付きの関係」である場合には、子Bは、借入金Zの支払利息の全額を不動産所得の必要経費に算入する。

　しかし、金融機関Yが、子Bが単独で借入金Zを承継することを承認しなかった場合は、賃貸アパートXとそれを取得するための借入金Zの「紐付きの関係」は、その2分の1部分だけになる。金融機関Yの債務者は子Bと子C（2分の1ずつ）であり、子Cが負担する元金と支払利息の合計額を子Bが子Cに償還したとしても、子Cが支払った支払利息は、あくまでも子Cが負担したものとなる（子Cにとっては、いわゆる家事費である。）。

　実務上の対応としては、分割協議が成立する前に、債権者である金融機関Yと事前に合意しておくことが必要であろう。

3 相続の効力等に関する改正③
―遺言執行の妨害の禁止―

1. 改正の要点及び必要性

(1) 改正の要点

　遺言執行者がいる場合、相続財産の処分等の行為を妨げることをしてはならないことは、改正前と同様であるが、妨げる行為を絶対的に無効とするのではなく、原則としては無効であるとしつつ、善意の第三者には無効を対抗できないとして、取引の安全性を図っている。

　また、被相続人の債権者と相続人の債権者は、相続財産等に差押え等の権利行使をすることができる。

(2) 改正の必要性

　まず、民法第1013条（改正後は同条第1項となる。）は、「遺言執行者がある場合には、相続人は、相続財産の処分その他遺言の執行を妨げるべき行為をすることができない。」と規定しており、判例は「遺言ノ執行ヲ妨クヘキ行為」を「絶対無効」としている（大審院判決昭和5年6月16日）。

　次に、民法第117条は、「不動産に関する物権の変動の対抗要件」として、「不動産に関する物権の得喪及び変更は、不動産登記法〔中略〕その他の登記に関する法律の定めるところに従いその登記をしなければ、第三者に対抗することができない。」としている。その上で、被相続人の不動産を第三者に遺贈した後、「相続人の債権者」が当該不動産を差押えした事案において、差押債権者は「民法第177条に規定する第三者に該当し、受遺者は登記がなければ差押え債権者に対抗

第5章 相続の効力等に関する改正

することはできない」（最高裁昭和38年3月6日判決の要旨）として
いる。

　遺言執行の妨害行為と遺言の存否（遺言執行者の存否）やその内容
を知らない第三者を保護することの関係を明確にする必要がある。

2. 改正条文

　遺言執行者がある場合における相続人の行為の効果等が第1013条
に追加された。

> （遺言の執行の妨害行為の禁止）
> 第1013条　遺言執行者がある場合には、相続人は、相続財産の処分
> 　その他遺言の執行を妨げるべき行為をすることができない。〔改正
> 　ナシ〕
> 2　前項の規定に違反してした行為は、無効とする。ただし、これをもっ
> 　て善意の第三者に対抗することができない。〔新設〕
> 3　前二項の規定は、相続人の債権者（相続債権者を含む。）が相続財
> 　産についてその権利を行使することを妨げない。〔新設〕

①　妨害行為と無効の関係

　遺言執行者がある場合には、相続人は、相続財産の処分その他遺
言の執行を妨げるべき行為をすることができない。仮に、そのよう
な行為をした場合は、原則として無効とするが、取引の安全を図る
ために、善意の第三者に対抗することはできないこととなった。す
なわち、善意の第三者に対しては、無効を主張することができない
のである。

　また、通常は、第三者は遺言の有無やその内容を知りえる立場には
ない。したがって、第三者保護の観点から、遺言の有無や内容につい
ての調査義務を負わせることは相当ではないとして、「善意」のみを
要件とし、「無過失」については要件となっていない。

175

② 債権者の権利行使

相続人の債権者（相続債権者を含む。）が相続財産についてその権利を行使することを妨げられないこととなった。この内容は、最高裁判決がない分野について、「相続人の債権者」及び「被相続人の債権者」の権利を法定したものといえる。

第6章

相続人以外の者の貢献を
考慮する規定の創設

1 相続人以外の者の貢献を考慮するための方策
―特別の寄与―

1. 改正の要点及び必要性

(1) 改正の要点

　相続人以外の者が、被相続人の療養看護等を行った場合には、相続開始後、一定の要件の下で、相続人に対して金銭請求をすることができるものとする。

(2) 改正の必要性

　現行法上、寄与分の規定は次のようになっている（民法904の2）。

（寄与分）
第904条の2　共同相続人中に、被相続人の事業に関する労務の提供又は財産上の給付、被相続人の療養看護その他の方法により被相続人の財産の維持又は増加について特別の寄与をした者があるときは、被相続人が相続開始の時において有した財産の価額から共同相続人の協議で定めたその者の寄与分を控除したものを相続財産とみなし、第900条から第902条までの規定により算定した相続分に寄与分を加えた額をもってその者の相続分とする。
2　前項の協議が調わないとき、又は協議をすることができないときは、家庭裁判所は、同項に規定する寄与をした者の請求により、寄与の時期、方法及び程度、相続財産の額その他一切の事情を考慮して、寄与分を定める。
3　寄与分は、被相続人が相続開始の時において有した財産の価額から遺贈の価額を控除した残額を超えることができない。
4　第2項の請求は、第907条第2項の規定による請求があった場合又は第910条に規定する場合にすることができる。

第6章 相続人以外の者の貢献を考慮する規定の創設

　本条は、昭和55年（1980年）の民法改正により成立し、同56年（1981年）から施行されている。

　寄与分制度は、被相続人の事業（農業、小売業、飲食店業など）に関する労務の提供や被相続人の療養看護などをすることにより、被相続人の財産の維持又は増加について「特別の寄与」をした共同相続人がいる場合には、そのような貢献が認められない他の共同相続人との間の実質的な衡平を図るために創設された制度である。

　遺産分割に係る家事審判例では、昭和40年（1965年）頃から、遺産分割に際して、被相続人の財産の維持又は増加に貢献した相続人に対して、その法定相続分を超える相続財産を取得させている事例が大勢であった。そのように家事審判例において定着していた寄与分について、法令上の根拠を与えたものである。

　現行法上、寄与分は相続人にのみ認められている（民法904の2①）。したがって、次のような事例において救済の要否が検討されることとなる。

被相続人：A
相続人：
　配偶者B（以前死亡）
　長男C（以前死亡）
　長女D（被相続人Aの療養看護を一切行っていない。）
療養看護に努めた者：C（故人）の配偶者E
　なお、子C（故人）とEの間に子（＝被相続人Aの孫で、代襲相続人に該当する者）はいない。

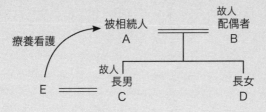

本事例では、例えば、子Ｃ（故人）の妻Ｅが、被相続人Ａの療養看護に努め、被相続人の財産の維持又は増加に寄与した場合であっても、遺産分割手続において、Ｅは相続人でないから、寄与分を主張したり、あるいは何らかの財産の分配を請求したりすることはできない。

　被相続人の生前には親族としての愛情や義務感に基づき無償で自発的に療養看護等の寄与行為をしていた場合でも、被相続人が死亡したときは、療養看護等を全く行わなかった相続人が遺産の分配を受ける一方で、実際に療養看護等に努めた者が相続人でないという理由でその分配にあずかれないことになり、不公平感を覚える者が多いとの指摘がされていた。

　仮に、Ｃが存命である場合には、Ｅの貢献の程度を十分に考慮した上で、ＣとＤが遺産分割協議を行うという実務は、現実的には行われている。また、Ｃが上記の事例のように以前死亡であっても、ＣとＥとの間に子がいる場合には、その子はＣの代襲相続人として、Ｅの貢献の程度を踏まえた遺産分割協議をＤと行うことができる。

　しかし、本事例では、Ｅは全く寄与分を主張することができないことになる。

　また、週刊誌的な見出しでいえば、上記の事例は「長男の嫁の救済策」の検討となるのであろうが、実際には、被相続人の療養看護に尽くしている者は、被相続人の兄弟姉妹や甥・姪である事例も多い。これらの者の貢献を評価し、法的に権利行使（救済）ができるような制度が必要とされているのである。

　なお、寄与分については、次のように一定の類型化がなされている。

第6章 相続人以外の者の貢献を考慮する規定の創設

寄与分の類型	内容とコメント
家業従事型	被相続人の事業への労務の出資の提供がその内容である。農業、小売業、飲食店業のほか、家内工場的な製造業などの場合が該当し、事例としては、最も多いものとされている。 　税理士の視点でいえば、所得税法第56条（事業から対価を受ける親族がある場合の必要経費の特例）の制約が影響しているとも考えられる。この点については、同法57条（事業に専従する親族がある場合の必要経費の特例等）が規定する「労務の対価として相当であると認められるもの」を給与として収入しておくことにより解決することが可能であり、本来はそのようにすべきである。
出資型	被相続人の事業に対する財産の給付がその内容であり、具体的には、被相続人の債務の弁済や資金援助が該当する。 　被相続人への一方通行での給付であれば、贈与として終了する（金額により贈与税課税となる場合がある。）。しかし、貸付金等の債権債務の関係を認識するのであれば、被相続人の債権者として回収することが可能である。
財産給付型	被相続人の事業とは関係がなく、被相続人に対する財産の給付がその内容である。具体的には、夫婦が共同で土地を購入したが、夫の名義にしたような場合が該当する。 　妻が負担した金額が判明する場合は、特別の寄与の問題としてではなく、通常の登記事項の訂正や「真正なる登記名義の回復」などの方法により解決することが可能である。そうでない場合には、不当利得返還請求権又は貸金等返還請求権として、主張することになるものと考えられる。
扶養型	被相続人に対する特別の扶養がその内容であり、被相続人が相続人から生活費の支給を受けていた場合が該当する。 　財産給付型と同様に、支援した金額が判明する場合は、特別の寄与として主張することが可能となる。
療養看護型	被相続人の療養看護を行うことにより、療養看護を第三者（家政婦紹介所や介護センター等）に依頼した場合に要する費用を節約することにより、被相続人の財産を維持することがその内容である。 　身内での療養看護の場合は、その金額が個別具体的に算定することが困難であり、かつ、同居又は近居している者が行っている場合が多く、当該者は被相続人の子であるとは限らない点に、解決方法に困難性が認められる。

2. 他の制度による救済方法の検討

寄与分制度の他に、民法には法定相続分を修正等する他の制度がある。それらの制度の概要と可能性について検討をしてみる。

(1) 準委任契約に基づく請求

① 準委任の規定

民法は、委任を「法律行為の委任」（民法643～655）と「法律行為でない事務の委託」（民法656）に区分している。後者の「準委任」は、「事務処理の委任」と一般的に説明されているが、「事実行為の委託」と理解すると分かりやすいであろう。

準委任契約とは　当事者の一方が、特定の行為（事実行為）をすることを委託する契約であり、特定の成果物の引渡等は約束されていないのが通例であり、多くの場合は、一定期間、依頼された役務（サービス）を提供する形態となる。また、受任者のサービスの提供は自己裁量によって行われる点において、雇用契約と異なるとされている。

委任の規定は、準委任について準用され、民法上の取扱について両者を区分する意味はほとんどない。

② 療養看護への当てはめ

当事者である委任者（被相続人となる者又はその推定相続人等）と受任者（療養看護サービスを提供する者）の間において、療養看護という「事実上の行為」を行う合意があると認められる場合には、原則として、準委任契約が成立することになる（民法643）。

準委任契約において、「受任者は、特約がなければ、委任者に対して報酬を請求することができない」（民法648①）ので、受任者は、委任者に対して報酬の請求を求めることはできない（委任者が報酬を支払うことは任意である。）。ただし、受任者は、療養看護をするのに

必要と認められる費用（オムツ代や介護用品の購入費用等）を支出したときは、委任者に対し、その費用等の償還を請求することができる（民法650①）。

療養看護等の労務を提供した者が、それに見合う対価の取得を希望するのであれば、本来は、有償の準委任契約を締結するなど、契約関係でこれを処理するのが原則である。しかし、被相続人との身分関係等に照らし、契約等を締結することは事実上困難である。

仮に、特約を設けて報酬を請求することとしても、介護のプロに業務として委託している場合と異なり、療養看護をする者は、日常生活を送りながら、時間をやりくりして療養看護をしているのが実態であろう。療養看護の具体的なメニューを盛り込んだ基本契約を締結した上で、実際に行った療養看護の時間と程度をその都度記録し、一定期間ごとに委任者に請求することは、現実的ではない。

したがって、現行の委任契約（準委任契約）の枠組みの中で、解決することは困難であると考えられる。

⑵　事務管理に基づく請求

①　事務管理の規定

義務なく他人のために事務の管理を始めた者（管理者）は、その事務の性質に従い、最も本人の利益に適合する方法によって、その事務の管理（事務管理）をしなければならない（民法697①）。この規定は、自己の財産や事務について、本来は、他人の関与や干渉を許容すべきではないものの、社会連帯や相互扶助の観点から、「他人の好意」を法的に認めるものである。

具体的な事例は多岐にわたるが、隣家が旅行中に生じた窓ガラスの修理や応急措置、溺れている人への救護活動、迷子や徘徊している老人の保護などが該当する。いわゆる「お節介」との接点が微妙である

が、公的な見地から私的自治に介入することが妥当である場合は、広く該当すると考えられる。

② 療養看護への当てはめ

　義務がなくても、身内への気持ちから、療養看護をする場合がある。事務管理の規定が、療養看護の場合にも適用できる余地があるとも考えられる。

　しかし、「管理者は、本人のために有益な費用を支出したときは、本人に対し、その償還を請求することができる」（民法702①）と規定されているように、事務管理で請求できるのは、「本人のために支出した有益な費用」にとどまり、労務の対価としての報酬を請求することはできない。なぜならば、民法第645条（受任者による報告）、第646条（受任者による受取物の引渡し等）及び第647条（受任者の金銭の消費についての責任）の委任に係る規定は、事務管理について準用されると規定されている（民法701）が、第648条（受任者の報酬）の規定は事務管理に準用されていないからである。

　そもそも、事務管理制度は、「私的自治の原則」の例外を法定するものであり、本来は違法である（「違法」と言えなくとも、「合法ではない」）と認められる行為を含めて他人が行うことを許容するものであることから、適用範囲を拡大するのではなく、むしろ慎重に取り扱うことが適切である。

　例えば、被相続人となる者に重篤な事態が生じ、同居又は近居している者が緊急の対応として、療養看護等をした場合であっても、通常は、その後の対応のために、推定相続人である者や縁戚者に連絡をするものである。そして、その後において療養看護を引き続きすることとなったときは、上述の準委任契約になるものと考えられる。

　したがって、事務管理による解決はほぼ不可能であろうと考えられる。

(3) 不当利得返還請求による解決

① 不当利得の返還義務

不当利得は、民法上、契約、事務管理及び不法行為と同様に債権発生原因の一つとされている。

法律上の原因なく他人の財産又は労務によって利益を受け、そのために他人に損失を及ぼした者（受益者）は、その利益の存する限度において、これを返還する義務を負う（民法703）。

この場合の債権者となる者に発生するのが「不当利得返還請求権」であり、同権利は、契約が無効であるにもかかわらず、給付してしまったものを取り戻す場合や、自己が所有する資産を他人が費消した場合におけるその価値相当額を取り戻す場合などがある。前者の例としては、利息制限法が規定する制限利率を超えて利息を支払った場合の過払い金返還請求などが該当する。

② 療養看護への当てはめ

親族や友人等による療養看護は、確かに、「法律上の原因」はなく、療養看護をする者の財産又は労務によって、被相続人となる者又はその法定相続人は利益を受けていることになる。しかし、そのために療養看護をする者に「損失を及ぼしている」と認めることは、疑問であり、困難であろう。

相続人以外の者が、被相続人となる者の療養看護等を行った場合には、当事者間の合意（多くの場合は、黙示の合意であろう。）により、上述の「準委任契約」が成立し、かつ、報酬に関する特約を規定せず、さらに、療養看護に係る費用の精算を積極的に行っていないと考えるのが妥当である。

したがって、療養看護と不当利得返還請求とを結びつけることは、適切ではない。

⑷ 特別縁故者制度の利用

① 特別縁故者

特別縁故者とは、相続人以外の者で、被相続人と特別な関係にあった者のことをいう。被相続人に相続人が不存在であるなど一定の場合は、特別縁故者に対する相続財産の分与をすることができる。

すなわち、相続人が不存在等の場合において、相当と認めるときは、家庭裁判所は、被相続人と生計を同じくしていた者、被相続人の療養看護に努めた者その他被相続人と特別の縁故があった者の請求によって、これらの者に、清算後残存すべき相続財産の全部又は一部を与えることができる（民法958の3）。

ちなみに、この制度により処分されなかった相続財産は、国庫に帰属することとなる（民法959）。

② 療養看護への当てはめ

特別縁故者制度により、被相続人の療養看護に努めた者に、相続財産を分与することは可能であるが、被相続人の相続人が不存在等の場合が条件となっており、相続人が存在する場合には、利用することができない。

⑸ まとめ

上記の検討の結果、いずれの制度によっても、相続人以外の者の貢献を考慮した解決は困難又は不可能である。したがって、法改正により、相続人に対する金銭請求権を認めること（新たな制度的な救済）が必要であると考えられた。

3. 改正条文

改正により新設された条文は次のとおりである。

第1050条　被相続人に対して<u>無償で療養看護その他の労務の提供を</u><u>したことにより被相続人の財産の維持又は増加について特別の寄与</u><u>をした被相続人の親族</u>（相続人、相続の放棄をした者及び第891条の規定に該当し又は廃除によってその相続権を失った者を除く。以下この条において「特別寄与者」という。）は、相続の開始後、相続人に対し、特別寄与者の寄与に応じた額の金銭（以下この条において「特別寄与料」という。）の支払を請求することができる。

2　前項の規定による特別寄与料の支払について、当事者間に協議が調わないとき、又は協議をすることができないときは、特別寄与者は、家庭裁判所に対して協議に代わる処分を請求することができる。ただし、特別寄与者が相続の開始及び相続人を知った時から6箇月を経過したとき、又は相続開始の時から一年を経過したときは、この限りでない。

3　前項本文の場合には、家庭裁判所は、寄与の時期、方法及び程度、相続財産の額その他一切の事情を考慮して、特別寄与料の額を定める。

4　特別寄与料の額は、被相続人が相続開始の時において有した財産の価額から遺贈の価額を控除した残額を超えることができない。

5　相続人が数人ある場合には、各相続人は、特別寄与料の額に第900条から第902条までの規定により算定した当該相続人の相続分を乗じた額を負担する。

⑴　条文の民法体系での位置づけ

　従前の「寄与分」とは異なる新たな「特別の寄与」であるから、新たな章が設けられ、そこに規定されている。

第五編　相続
　第一章　総則
　第二章　相続人
　第三章　相続の効力
　　第一節　総則

第二節　相続分（第900条–第905条：第904条の２が寄与分）

第三節　遺産の分割

第四章　相続の承認及び放棄

第五章　財産分離

第六章　相続人の不存在

第七章　遺言

第八章　配偶者の居住の権利

第九章　遺留分

第十章　特別の寄与〔新設：第1050条〕

(2)　対象者

　本制度の対象者は、被相続人に対して無償で療養看護その他の労務の提供をしたことにより、被相続人の財産の維持又は増加について特別の寄与をした被相続人の親族である。親族とは、民法上、6親等内の血族、配偶者及び3親等内の姻族をいう（民法725）。このうち、本制度の適用対象者は、親族のうち次の者を除いたすべての者である。

> ①　相続人
> ②　相続の放棄をした者（民法939他）
> ③　相続人の欠格事由に該当する者（民法891）
> ④　廃除された者（民法892他）

　②〜③の者が対象外となることは当然である。なお、相続人が除外されているのは、被相続人の療養看護に努めた者が相続人である場合は、相続人として分割協議に参加することができるので、この制度の適用対象者とする必要がないからである。

　なお、途中段階での議論においては、「3親等内の親族」とする案もあった。これは、家庭裁判所は、特別の事情があるときは、3親等内の親族間においても扶養の義務を負わせることができる（民法877②）旨の

規定との均衡を図るものであったが、療養看護をする者の範囲を限定することにつながること等の理由から採用されなかった。療養看護する者は、当然のことながら、被相続人と同居している必要はない。

この改正により、療養看護に努めた者が幅広く救済されることとなる。

(3) 手　続

①　請　求

特別寄与者は、相続の開始後、相続人に対し、特別寄与料の支払を請求することによって権利行使の意思表示ができる。

②　その後の協議等

次のような場合分けになる。

当事者間で協議が可能	協議が調った場合	相続人はその金額を負担する。
	協議が調わない場合	特別寄与者は、家庭裁判所に対して協議に代わる処分を請求することができる。
当事者間で協議が不可能		

③　家庭裁判所への請求期限

請求期限（時効となる期限）は、特別寄与者が相続の開始及び相続人を知った時から6か月を経過したとき（主観的請求期間）、又は相続開始の時から1年を経過したとき（客観的請求期間）である。

療養看護に努めた者で、かつ、特別の寄与が認められるような者であれば、通常は、相続開始の直後にはその事実を知ることになると想定されるので、請求権に係る時効を6か月としても十分であると考えられる。他方、事案によっては請求権者が被相続人の死亡を知り得ない場合もあり、その場合には「相続の開始及び相続人を知った時」（主観的起算点）から起算すると、時効期間が進行しないという事態となる。そこで法律関係を早期に確定させるために、相続開始の時（客観的起算日）から1年を期限とすることとされた。

④　家庭裁判所による特別寄与料の額の算定

特別寄与者が、家庭裁判所に対して協議に代わる処分を請求した場合には、家庭裁判所は、寄与の時期、方法及び程度、相続財産の額その他一切の事情を考慮して、特別寄与料の額を定めることとなる。

寄与分（民法904の2②）と同様の規定ぶりになっている。

⑤　特別寄与料の上限

特別寄与料の額は、被相続人が相続開始の時において有した財産の価額から遺贈の価額を控除した残額を超えることができない。

これも寄与分（民法904の2③）と同様の規定ぶりになっている。

⑥　特別の寄与料の負担

相続人が数人ある場合には、各相続人は、特別寄与料の額に法定相続分（民法900）、代襲相続人の相続分（民法901）及び遺言による相続分の指定（民法902）の規定により算定した当該相続人の相続分を乗じた額を負担することになる。

4. 実務への影響等

(1)　特別の寄与料の支払いに係る税務（今後の検討課題）

この制度により、療養看護に努めた者に特別の寄与が認められ、特別の寄与料が支払われた場合の、税務上の処理としては、次のようなものが考えられる。いずれも、今後の検討課題である。

相続人の処理	特別寄与者	
家事費	贈与税	
	所得税の非課税	
	所得税（事業所得・一時所得・雑所得）	
相続財産の控除項目	相続財産	2割加算
みなし債務	みなし相続財産	

　特別の寄与料に相当する金員が移動する点にのみ着目し、現行の相続税法を当てはめると、単純贈与となる。また、債権の消滅の対価であると位置づけることが可能であれば、離婚の際の慰謝料に係る債権・債務の消滅の場合と同様に、所得税の非課税となる。なお、事業所得、一時所得及び雑所得への該当性も検討することになるが、いずれも（特に前二者は）困難であろう。

　また、相続税の枠組みの中で考えると、相続人にとっては積極財産の控除項目とすることのほか、債務（本来の債務ではないので、この場合は、「みなし債務」として取り扱うことになるであろう。）とすることも可能である。その場合に、特別寄与者の相続税申告へのかかわり方について検討する必要がある。

　私見であるが、相続人にとって家事費となることは相当の負担増となることもあり、この制度の利用の障害になる恐れがある。他方、特別寄与者にとって贈与税課税は酷であり、非課税とすることは課税上の弊害が生じる可能性がある。また、所得税課税とすることは、実務者から見て、筋が悪いと感じている。そこで、相続人においては、負担する特別寄与料は相続財産の控除項目又はみなし債務とし、特別寄与者においては、受遺者と同様の立場で相続税申告に参加させ、2割加算（相続税法18①）の対象とするのが妥当ではなかろうか。

⑵　遺言書作成に係る助言業務

　上記のように、療養看護に努めた者の救済措置が法定されることとなったが、家庭裁判所の関与そのものが、多くの人に馴染みのないものであり、また、特別寄与料の額がどの程度の水準に算定されるのかも、現時点では不明である。

　今回の民法改正により、自筆証書遺言の作成が容易になったことを踏まえ、被相続人が遺言により、療養看護に努めた者に対して、その療養看護に相当する財産を遺贈することも検討すべきであろう。

補章

成年の範囲と婚姻適齢の改正

社会経済情勢の変化に鑑み、成年となる年齢及び女性の婚姻適齢を
それぞれ18歳とする等の措置を講ずる必要があるとの認識の下、民
法の一部を改正する法律案が、平成30年3月13日に第196回国会（常
会）に提出され、平成30年6月13日に参議院で可決成立し、平成30
年6月20日に公布された。

　本書の目的ではないが、重要な改正であるので、その概要を紹介する。

1. 成　年

⑴　成年年齢の引下げ

　年齢18歳をもって、成年とするものとなった。

改正後	改正前
（成年） 第4条　年齢<u>18歳</u>をもって、成年とする。	（成年） 第4条　年齢<u>20歳</u>をもって、成年とする。

⑵　年齢の計算方法

　「年齢計算に関する法律」（明治35年12月2日法律第50号）がある。
原文は漢字とカタカナによる表記である。短い法律であるので、全文
を次に掲載する。

　1　年齢ハ出生ノ日ヨリ之ヲ起算ス
　2　民法第143条ノ規定ハ年齢ノ計算ニ之ヲ準用ス
　3　明治6年第36号布告ハ之ヲ廃止ス

　民法第143条は次の通りである。

||補　章|成年の範囲と婚姻適齢の改正||

（暦による期間の計算）

第143条　週、月又は年によって期間を定めたときは、その期間は、暦に従って計算する。

2　週、月又は年の初めから期間を起算しないときは、その期間は、最後の週、月又は年においてその起算日に応当する日の前日に満了する。ただし、月又は年によって期間を定めた場合において、最後の月に応当する日がないときは、その月の末日に満了する。

両者を組み合わせると、法律上の年齢計算は、次のようになる。

①　生まれた日から計算する。つまり誕生日を起算日（第1日目）とする。

②　年齢の計算は、「週、月又は年によって期間を定めたとき」（第1項）に該当せず、「週、月又は年の初めから期間を起算しないとき」（第2項）に該当する。

③　年齢は、「最後の年においてその起算日に応当する日の前日に満了」することになるので、その満了したときに、年齢が1歳加算される。

④　事例で確認する。昭和32年（1957年）10月8日生まれの場合、61年という期間は、最後の年（平成30年、2018年）において、起算日（1957年10月8日）に応当する日（2018年10月8日）の前日（2018年10月7日）に満了する。

　厳密には、誕生日の前日の24時（午後12時）に満了することになる。したがって、成年となるのは、18回目の誕生日の前日の24時である。24時になるまでは成年に達していないことになる。

　この点、学校教育の現場において、4月1日から翌年3月31日までが1学年であるにもかかわらず、同じ学年となる者が、4月2日から翌年4月1日までの間に生まれた者であることは、実感として不自然である。その他、国民一般の常識と乖離している事例が複数あり、国

会でも質問されたことがある（平成14年7月25日）。筆者も、変更できるのであれば、経過措置を設けた上で、誕生日をもって年齢を1歳加算するようにした方がよいと考える。

　ただし、例外がいくつかある[(注)]。

(注) 大阪高裁昭和54年11月22日判決は、「昭和34年4月9日に出生した者は20年後の出生応当日の前日、すなわち昭和54年4月8日の終了を待たないで、同日の始時から選挙権を取得すると解すべきである。」としている。出生日（4月9日）から数えて20回目の誕生日（4月9日）の前日（4月8日）の24時に20歳になるべきところ、4月8日の0時から選挙権（投票権）を行使できるとしている。社会保障給付の分野でも、原則通りでない事例がある。

2. 婚姻適齢等

(1) 婚姻適齢

改正後	改正前
（婚姻適齢） 第731条　婚姻は、18歳にならなければ、することができない。	（婚姻適齢） 第731条　男は、18歳に、女は、16歳にならなければ、婚姻をすることができない。

(2) 父母の同意条項の削除

　（未成年者の婚姻についての父母の同意）

第737条　未成年の子が婚姻をするには、父母の同意を得なければならない。

2　父母の一方が同意しないときは、他の一方の同意だけで足りる。父母の一方が知れないとき、死亡したとき、又はその意思を表示することができないときも、同様とする。

(3) 成年擬制条項の削除

> （婚姻による成年擬制）
> 第753条　未成年者が婚姻をしたときは、これによって成年に達した
> 　ものとみなす。

3. 養親となる者の年齢

　実質的な改正はない。成年となる年齢が改正されたことによる文言
のみの改正である（民法792）。

⑴　20歳（改正前：成年）に達した者は、養子をすることができる
　ものとすること。

⑵　第792条の規定に違反した縁組について、養親が、20歳（改正前：
　成年）に達した後6箇月を経過し、又は追認をしたときは、養親又
　はその法定代理人から、その取消しを家庭裁判所に請求することが
　できないものとすること（民法804）。

4. 附　則

⑴　施行期日等

　この法律は、原則として、平成34年（2022年）4月1日から施行
するものとすること。

　この法律の施行に伴う所要の経過措置について定めるものとする
こと。

⑵　関係法律の整備

　この法律の施行に伴い、未成年者喫煙禁止法等の関係法律の規定を

整備することとされている（法務省作成の資料「成年年齢の引下げに伴う年齢要件の変更について」を参照）。

　民法の規定による成年に達したものとみなされる法律上の効果については、民法以外の法律の適用に関して、それぞれ他の法律の立法趣旨に応じて適用されるかどうかを判断することとなっている（今回の改正法では、酒・たばこ・競馬・競艇・競輪等の禁止年齢である「未成年者」を「20歳未満」に改正している。）。

5. 実務への影響等

(1)　現行のままの民法条文（改正されなかった条文）

（未成年者の法律行為）

第5条　未成年者が法律行為をするには、その法定代理人の同意を得なければならない。ただし、単に権利を得、又は義務を免れる法律行為については、この限りでない。

2　前項の規定に反する法律行為は、取り消すことができる。

3　第一項の規定にかかわらず、法定代理人が目的を定めて処分を許した財産は、その目的の範囲内において、未成年者が自由に処分することができる。目的を定めないで処分を許した財産を処分するときも、同様とする。

（未成年者の営業の許可）

第6条　一種又は数種の営業を許された未成年者は、その営業に関しては、成年者と同一の行為能力を有する。

2　前項の場合において、未成年者がその営業に堪えることができない事由があるときは、その法定代理人は、第四編（親族）の規定に従い、その許可を取り消し、又はこれを制限することができる。

‖ 補　章 ‖ 成年の範囲と婚姻適齢の改正 ‖

成年年齢の引下げに伴う年齢要件の変更について

18歳に変わるもの	20歳が維持されるもの
改正が必要なもの（「二十歳」などと規定）	改正が必要なもの（「未成年」などと規定）
○登録水先人養成施設等の講師（水先法） ○帰化の要件（国籍法） ○社会福祉主事資格（社会福祉法） ○登録海技免許講習実施機関等の講師（船舶職員及び小型船舶操縦者法） ○登録電子通信移行講習実施機関の講師（船舶安全法及び船舶職員法の一部を改正する法律） ○10年用一般旅券の取得（旅券法） ○性別の取扱いの変更の審判（性同一性障害者の性別の取扱いの特例に関する法律） ○人権擁護委員・民生委員資格（公職選挙法等の一部を改正する法律（平成27年法律第43号））	○養子をとることができる者の年齢（民法） ○喫煙年齢（未成年者喫煙禁止法：題名を改正） ○飲酒年齢（未成年者飲酒禁止法：題名を改正） ○小児慢性特定疾病医療費の支給に係る患児の年齢等（児童福祉法） ○勝馬投票券の購入年齢（競馬法） ○勝者投票券の購入年齢（自転車競技法） ○勝車投票券の購入年齢（小型自動車競走法） ○勝舟投票券の購入年齢（モーターボート競走法） ○アルコール健康障害の定義（アルコール健康障害対策基本法）
改正が不要なもの（「未成年者」などと規定）	改正が不要なもの（「二十歳」などと規定）
○分籍（戸籍法） ○公認会計士資格（公認会計士法） ○医師免許（医師法） ○歯科医師免許（歯科医師法） ○獣医師免許（獣医師法） ○司法書士資格（司法書士法） ○土地家屋調査士資格（土地家屋調査士法） ○行政書士資格（行政書士法） ○薬剤師免許（薬剤師法） ○社会保険労務士資格（社会保険労務士法）等約130法律	○児童自立生活援助事業の対象となる者の年齢（児童福祉法） ○船長及び機関長の年齢（船舶職員及び小型船舶操縦者法） ○猟銃の所持の許可（銃砲刀剣類所持等取締法） ○国民年金の被保険者資格（国民年金法） ○大型、中型免許等（道路交通法） ○特別児童扶養手当の支給対象となる者の年齢（特別児童扶養手当等の支給に関する法律） ○指定暴力団等への加入強要が禁止される者の年齢（暴力団員による不当な行為の防止等に関する法律）等約20法律

※そのほか、恩給法等の一部を改正する法律（昭和51年法律第51号）、児童虐待の防止等に関する法律、インターネット異性紹介事業を利用して児童を誘引する行為の規制等に関する法律等についても規定の整理を行った。

出所：http://www.moj.go.jp/content/001261083.pdf

原則として、成年となった18歳から法律行為を単独ですることができる。消費者被害の低年齢化が懸念されるところ、学校教育の現場において、契約に関する事項（契約の意義、権利、義務等）のほか、保証と連帯保証の相違等、一定の事項を授業内容に含める必要があると考える。

⑵　遺産分割協議

①　共同相続人に該当しない親権者が未成年者である子に代理して遺産分割協議書を作成する場合（国税庁ＨＰを加工）

【照会要旨】

　被相続人甲は、妻乙との間に子2人（成年者）がありましたが、妻以外の女性丙との間にも子が2人（うち未成年者1人）あり、生前に認知していました。

　甲の死亡に係る相続に関し、相続人である妻乙と子供4人で遺産を協議分割し、その分割に基づいて相続税の申告をすることになりましたが、相続税の申告書に添付する遺産分割協議書には、未成年者である子に代理して親権者である丙が署名、押印すれば、家庭裁判所で特別代理人の選出を受けなくてもよいと考えますがどうでしょうか。なお、丙は包括受遺者ではありません。

【回答要旨】

　丙の親権に服する子が1人の場合には、照会意見のとおりで差し支えありません。しかし、同じ者の親権に服する未成年者が2人以上いる場合には、そのうちの1人について親権者が法定代理人となり、他の未成年者については、それぞれ特別代理人の選任を必要とします。

(注)　未成年者の親権者が共同相続人であり、その子とともに遺産分割の協議に参加する場合には、民法第826条（利益相反行為）の規定により特別代理人の選任を要しますが、親権者が共同相続人としてその遺産分割

補　章│成年の範囲と婚姻適齢の改正

に参加しない場合には、同条の適用はありませんので、法定代理人である親権者の同意のみで足ります。ただし、子が2人以上いる場合において、その1人の子と他の子との利益が相反する行為については、子のうちの1人を除き、特別代理人の選任を要します（同条第2項）。

②　該当条文

（利益相反行為）

第826条　親権を行う父又は母とその子との利益が相反する行為については、親権を行う者は、その子のために特別代理人を選任することを家庭裁判所に請求しなければならない。

2　親権を行う者が数人の子に対して親権を行う場合において、その一人と他の子との利益が相反する行為については、親権を行う者は、その一方のために特別代理人を選任することを家庭裁判所に請求しなければならない。

未成年の子を保護するための規定である。この条文は改正されていないので、改正後は18歳未満の子に適用されることになる。

⑶　未成年者控除

①　概　要

相続又は遺贈により財産を取得した者が20歳未満である場合に、その者が満20歳になるまでの年数1年につき10万円で計算した額が未成年者控除の額となる。

②　相続税法基本通達

（婚姻した者の未成年者控除）

19の3-2　法第19条の3第1項の未成年者控除の規定は、民法第753条（婚姻による成年擬制）の規定により成年に達したものとみなされた者についても適用があるのであるから留意する。

201

民法第753条が削除されたことから、施行日が近づいてきた頃に、この通達は削除されることになるであろう。

⑷　その他

「20歳未満」、「20歳以上」又は「未成年者」と規定されているものとして、例えば、次のようなものがある。

①　未成年者口座（措法37の14の2⑤一）

居住者又は恒久的施設を有する非居住者（その年1月1日において20歳未満である者又はその年中に出生した者に限る。）が、〔以下略〕

②　地方税―平成30年度税制改正―

障害者、未成年者、寡婦及び寡夫に対する個人住民税の非課税措置の前年の合計所得金額要件を135万円以下（改正前：125万円以下）に引き上げられている。

③　相続時精算課税制度

60歳以上（贈与をした年の1月1日現在）の贈与者（父母又は祖父母等の直系尊属）から、20歳以上（贈与をした年の1月1日現在）の贈与者の推定相続人（子又は孫等の直系卑属）に対し、財産を贈与した場合において選択できる贈与税の制度である。

住宅取得等資金に係る特例もある（受贈者のみ20歳以上の年齢制限がある。）。

||補　章|成年の範囲と婚姻適齢の改正||

【参考】

平成30年度税制改正大綱（平成29年12月14日）

第三　検討事項

12　現在、政府において、民法における成年年齢を20歳から18歳
　　に引き下げるとともに、他法令における行為能力や管理能力に着目
　　した年齢要件を引き下げる方向で法改正に向けた作業を進めている
　　ところである。税制上の年齢要件については、対象者の行為能力や
　　管理能力に着目して設けられているものであることから、民法に合
　　わせて要件を18歳に引き下げることを基本として、法律案の内容
　　を踏まえ実務的な観点等から検討を行い、結論を得る。

税実務における取扱いは、今後、検討されることとなる。

資料編

1 法務局における遺言書の保管等に関する法律
2 民法（明治29年法律第89号）の一部改正
3 家事事件手続法（平成23年法律第52号）の一部改正

1 法務局における遺言書の保管等に関する法律

（趣旨）

第1条　この法律は、法務局（法務局の支局及び出張所、法務局の支局の出張所並びに地方法務局及びその支局並びにこれらの出張所を含む。次条第1項において同じ。）における遺言書（民法（明治29年法律第89号）第968条の自筆証書によってした遺言に係る遺言書をいう。以下同じ。）の保管及び情報の管理に関し必要な事項を定めるとともに、その遺言書の取扱いに関し特別の定めをするものとする。

（遺言書保管所）

第2条　遺言書の保管に関する事務は、法務大臣の指定する法務局が、遺言書保管所としてつかさどる。

2　前項の指定は、告示してしなければならない。

（遺言書保管官）

第3条　遺言書保管所における事務は、遺言書保管官（遺言書保管所に勤務する法務事務官のうちから、法務局又は地方法務局の長が指定する者をいう。以下同じ。）が取り扱う。

（遺言書の保管の申請）

第4条　遺言者は、遺言書保管官に対し、遺言書の保管の申請をすることができる。

2　前項の遺言書は、法務省令で定める様式に従って作成した無封のものでなければならない。

3　第1項の申請は、遺言者の住所地若しくは本籍地又は遺言者が所有する不動産の所在地を管轄する遺言書保管所（遺言者の作成した他の遺言書が現に遺言書保管所に保管されている場合にあっては、当該他の遺言書が保管されている遺言書保管所）の遺言書保管官に対してしなければならない。

4　第1項の申請をしようとする遺言者は、法務省令で定めるところにより、遺言書に添えて、次に掲げる事項を記載した申請書を遺言書保管官に提出しなければならない。

一　遺言書に記載されている作成の年月日

二　遺言者の氏名、出生の年月日、住所及び本籍（外国人にあっては、国籍）

三　遺言書に次に掲げる者の記載があるときは、その氏名又は名称及び住所

　イ　受遺者

　ロ　民法第1006条第1項の規定により指定された遺言執行者

四　前三号に掲げるもののほか、法務省令で定める事項

5　前項の申請書には、同項第2号に掲げる事項を証明する書類その他法務省令で定める書類を添付しなければならない。

6　遺言者が第1項の申請をするときは、遺言書保管所に自ら出頭して行わなければならない。

（遺言書保管官による本人確認）

第5条　遺言書保管官は、前条第1項の申請があった場合において、申請人に対し、法務省令で定めるところにより、当該申請人が本人であるかどうかの確認をするため、当該申請人を特定するために必要な氏名その他の法務省令で定める事項を示す書類の提示若しくは提出又はこれらの事項についての説明を求めるものとする。

（遺言書の保管等）

第6条　遺言書の保管は、遺言書保管官が遺言書保管所の施設内において行う。

2　遺言者は、その申請に係る遺言書が保管されている遺言書保管所（第4項及び第8条において「特定遺言書保管所」という。）の遺言書保管官に対し、いつでも当該遺言書の閲覧を請求することができる。

3　前項の請求をしようとする遺言者は、法務省令で定めるところにより、その旨を記載した請求書に法務省令で定める書類を添付して、遺言書保管官に提出しなければならない。

4　遺言者が第2項の請求をするときは、特定遺言書保管所に自ら出頭して行わなければならない。この場合においては、前条の規定を準用する。

5　遺言書保管官は、第1項の規定による遺言書の保管をする場合において、遺言者の死亡の日（遺言者の生死が明らかでない場合にあっては、これに相当する日として政令で定める日）から相続に関する紛争を防止

する必要があると認められる期間として政令で定める期間が経過した後
は、これを廃棄することができる。

（遺言書に係る情報の管理）

第7条　遺言書保管官は、前条第1項の規定により保管する遺言書につい
て、次項に定めるところにより、当該遺言書に係る情報の管理をしなけ
ればならない。

2　遺言書に係る情報の管理は、磁気ディスク（これに準ずる方法により
一定の事項を確実に記録することができる物を含む。）をもって調製す
る遺言書保管ファイルに、次に掲げる事項を記録することによって行う。

一　遺言書の画像情報

二　第4条第4項第1号から第3号までに掲げる事項

三　遺言書の保管を開始した年月日

四　遺言書が保管されている遺言書保管所の名称及び保管番号

3　前条第5項の規定は、前項の規定による遺言書に係る情報の管理につ
いて準用する。この場合において、同条第5項中「廃棄する」とあるの
は、「消去する」と読み替えるものとする。

（遺言書の保管の申請の撤回）

第8条　遺言者は、特定遺言書保管所の遺言書保管官に対し、いつでも、
第4条第1項の申請を撤回することができる。

2　前項の撤回をしようとする遺言者は、法務省令で定めるところにより、
その旨を記載した撤回書に法務省令で定める書類を添付して、遺言書保
管官に提出しなければならない。

3　遺言者が第1項の撤回をするときは、特定遺言書保管所に自ら出頭し
て行わなければならない。この場合においては、第5条の規定を準用す
る。

4　遺言書保管官は、遺言者が第1項の撤回をしたときは、遅滞なく、当
該遺言者に第6条第1項の規定により保管している遺言書を返還すると
ともに、前条第2項の規定により管理している当該遺言書に係る情報を
消去しなければならない。

（遺言書情報証明書の交付等）

第9条　次に掲げる者（以下この条において「関係相続人等」という。）は、

遺言書保管官に対し、遺言書保管所に保管されている遺言書（その遺言者が死亡している場合に限る。）について、遺言書保管ファイルに記録されている事項を証明した書面（第5項及び第12条第1項第3号において「遺言書情報証明書」という。）の交付を請求することができる。

一　当該遺言書の保管を申請した遺言者の相続人（民法第891条の規定に該当し又は廃除によってその相続権を失った者及び相続の放棄をした者を含む。以下この条において同じ。）

二　前号に掲げる者のほか、当該遺言書に記載された次に掲げる者又はその相続人（ロに規定する母の相続人の場合にあっては、ロに規定する胎内に在る子に限る。）

　　イ　第4条第4項第3号イに掲げる者

　　ロ　民法第781条第2項の規定により認知するものとされた子（胎内に在る子にあっては、その母）

　　ハ　民法第893条の規定により廃除する意思を表示された推定相続人（同法第892条に規定する推定相続人をいう。以下このハにおいて同じ。）又は同法第894条第2項において準用する同法第893条の規定により廃除を取り消す意思を表示された推定相続人

　　ニ　民法第897条第1項ただし書の規定により指定された祖先の祭祀を主宰すべき者

　　ホ　国家公務員災害補償法（昭和26年法律第191号）第17条の5第3項の規定により遺族補償一時金を受けることができる遺族のうち特に指定された者又は地方公務員災害補償法（昭和42年法律第121号）第37条第3項の規定により遺族補償一時金を受けることができる遺族のうち特に指定された者

　　ヘ　信託法（平成18年法律第108号）第3条第2号に掲げる方法によって信託がされた場合においてその受益者となるべき者として指定された者若しくは残余財産の帰属すべき者となるべき者として指定された者又は同法第89条第2項の規定による受益者指定権等の行使により受益者となるべき者

　　ト　保険法（平成20年法律第56号）第44条第1項又は第73条第1項の規定による保険金受取人の変更により保険金受取人となるべき者

チ　イからトまでに掲げる者のほか、これらに類するものとして政令
　　　で定める者
　三　前2号に掲げる者のほか、当該遺言書に記載された次に掲げる者
　　イ　第4条第4項第3号ロに掲げる者
　　ロ　民法第830条第1項の財産について指定された管理者
　　ハ　民法第839条第1項の規定により指定された未成年後見人又は同
　　　法第848条の規定により指定された未成年後見監督人
　　ニ　民法第902条第1項の規定により共同相続人の相続分を定めるこ
　　　とを委託された第三者、同法第908条の規定により遺産の分割の方
　　　法を定めることを委託された第三者又は同法第1006条第1項の規
　　　定により遺言執行者の指定を委託された第三者
　　ホ　著作権法（昭和45年法律第48号）第75条第2項の規定により
　　　同条第1項の登録について指定を受けた者又は同法第116条第3項
　　　の規定により同条第1項の請求について指定を受けた者
　　ヘ　信託法第3条第2号に掲げる方法によって信託がされた場合にお
　　　いてその受託者となるべき者、信託管理人となるべき者、信託監督
　　　人となるべき者又は受益者代理人となるべき者として指定された者
　　ト　イからヘまでに掲げる者のほか、これらに類するものとして政令
　　　で定める者
2　前項の請求は、自己が関係相続人等に該当する遺言書（以下この条及
　び次条第1項において「関係遺言書」という。）を現に保管する遺言書
　保管所以外の遺言書保管所の遺言書保管官に対してもすることができ
　る。
3　関係相続人等は、関係遺言書を保管する遺言書保管所の遺言書保管官
　に対し、当該関係遺言書の閲覧を請求することができる。
4　第1項又は前項の請求をしようとする者は、法務省令で定めるところ
　により、その旨を記載した請求書に法務省令で定める書類を添付して、
　遺言書保管官に提出しなければならない。
5　遺言書保管官は、第1項の請求により遺言書情報証明書を交付し又は
　第3項の請求により関係遺言書の閲覧をさせたときは、法務省令で定め
　るところにより、速やかに、当該関係遺言書を保管している旨を遺言者

の相続人並びに当該関係遺言書に係る第4条第4項第3号イ及びロに掲げる者に通知するものとする。ただし、それらの者が既にこれを知っているときは、この限りでない。

（遺言書保管事実証明書の交付）

第10条　何人も、遺言書保管官に対し、遺言書保管所における関係遺言書の保管の有無並びに当該関係遺言書が保管されている場合には遺言書保管ファイルに記録されている第7条第2項第2号（第4条第4項第1号に係る部分に限る。）及び第4号に掲げる事項を証明した書面（第12条第1項第3号において「遺言書保管事実証明書」という。）の交付を請求することができる。

2　前条第2項及び第4項の規定は、前項の請求について準用する。

（遺言書の検認の適用除外）

第11条　民法第1004条第1項の規定は、遺言書保管所に保管されている遺言書については、適用しない。

（手数料）

第12条　次の各号に掲げる者は、物価の状況のほか、当該各号に定める事務に要する実費を考慮して政令で定める額の手数料を納めなければならない。

　一　遺言書の保管の申請をする者　遺言書の保管及び遺言書に係る情報の管理に関する事務

　二　遺言書の閲覧を請求する者　遺言書の閲覧及びそのための体制の整備に関する事務

　三　遺言書情報証明書又は遺言書保管事実証明書の交付を請求する者　遺言書情報証明書又は遺言書保管事実証明書の交付及びそのための体制の整備に関する事務

2　前項の手数料の納付は、収入印紙をもってしなければならない。

（行政手続法の適用除外）

第13条　遺言書保管官の処分については、行政手続法（平成5年法律第88号）第2章の規定は、適用しない。

（行政機関の保有する情報の公開に関する法律の適用除外）

第14条　遺言書保管所に保管されている遺言書及び遺言書保管ファイル

については、行政機関の保有する情報の公開に関する法律（平成11年法律第42号）の規定は、適用しない。

（行政機関の保有する個人情報の保護に関する法律の適用除外）

第15条　遺言書保管所に保管されている遺言書及び遺言書保管ファイルに記録されている保有個人情報（行政機関の保有する個人情報の保護に関する法律（平成15年法律第58号）第2条第5項に規定する保有個人情報をいう。）については、同法第4章の規定は、適用しない。

（審査請求）

第16条　遺言書保管官の処分に不服がある者又は遺言書保管官の不作為に係る処分を申請した者は、監督法務局又は地方法務局の長に審査請求をすることができる。

2　審査請求をするには、遺言書保管官に審査請求書を提出しなければならない。

3　遺言書保管官は、処分についての審査請求を理由があると認め、又は審査請求に係る不作為に係る処分をすべきものと認めるときは、相当の処分をしなければならない。

4　遺言書保管官は、前項に規定する場合を除き、3日以内に、意見を付して事件を監督法務局又は地方法務局の長に送付しなければならない。この場合において、監督法務局又は地方法務局の長は、当該意見を行政不服審査法（平成26年法律第68号）第11条第2項に規定する審理員に送付するものとする。

5　法務局又は地方法務局の長は、処分についての審査請求を理由があると認め、又は審査請求に係る不作為に係る処分をすべきものと認めるときは、遺言書保管官に相当の処分を命じ、その旨を審査請求人のほか利害関係人に通知しなければならない。

6　法務局又は地方法務局の長は、審査請求に係る不作為に係る処分についての申請を却下すべきものと認めるときは、遺言書保管官に当該申請を却下する処分を命じなければならない。

7　第1項の審査請求に関する行政不服審査法の規定の適用については、同法第29条第5項中「処分庁等」とあるのは「審査庁」と、「弁明書の提出」とあるのは「法務局における遺言書の保管等に関する法律（平成

30年法律第　号）第16条第4項に規定する意見の送付」と、同法第30
条第1項中「弁明書」とあるのは「法務局における遺言書の保管等に関
する法律第16条第4項の意見」とする。

（行政不服審査法の適用除外）

第17条　行政不服審査法第13条、第15条第6項、第18条、第21条、
第25条第2項から第7項まで、第29条第1項から第4項まで、第31条、
第37条、第45条第3項、第46条、第47条、第49条第3項（審査請
求に係る不作為が違法又は不当である旨の宣言に係る部分を除く。）か
ら第5項まで及び第52条の規定は、前条第1項の審査請求については、
適用しない。

（政令への委任）

第18条　この法律に定めるもののほか、遺言書保管所における遺言書の
保管及び情報の管理に関し必要な事項は、政令で定める。

附　則

この法律は、公布の日から起算して2年を超えない範囲内において政令
で定める日から施行する。

2 民法（明治29年法律第89号）の一部改正

※便宜上、改正されなかった条項も掲載しています。改正後（左欄）は改正民法の第2条関係の施行後の条項としています。

改　正　後	改　正　前
目次	目次
第5編　相続	第5編　相続
第3章　相続の効力	第3章　相続の効力
第1節　総則　（第896条―第899条の2）	第1節　総則　（第896条―第899条）
第7章　遺言	第7章　遺言
第5節　遺言の撤回及び取消し（第1022条―第1027条）	第5節　遺言の撤回及び取消し（第1022条―第1027条）
第8章　配偶者の居住の権利	第8章　遺留分（第1028条―第1044条）
第1節　配偶者居住権（第1028条―第1036条）	
第2節　配偶者短期居住権（第1037条―第1041条）	
第9章　遺留分（第1042条―第1049条）	
第10章　特別の寄与（第1050条）	（新設）
第1節　総則	第1節　総則
（相続財産に関する費用）	（相続財産に関する費用）
第885条　相続財産に関する費用は、その財産の中から支弁する。ただし、相続人の過失によるものは、この限りでない。	第885条　相続財産に関する費用は、その財産の中から支弁する。ただし、相続人の過失によるものは、この限りでない。
（削る）	2　前項の費用は、遺留分権利者が贈与の減殺によって得た財産をもって支弁することを要しない。
第899条　各共同相続人は、その相続分に応じて被相続人の権利義務を承継する。	第899条　各共同相続人は、その相続分に応じて被相続人の権利義務を承継する。

改　正　後	改　正　前
(共同相続における権利の承継の対抗要件) 第899条の2　相続による権利の承継は、遺産の分割によるものかどうかにかかわらず、次条及び第901条の規定により算定した相続分を超える部分については、登記、登録その他の対抗要件を備えなければ、第三者に対抗することができない。 2　前項の権利が債権である場合において、次条及び第901条の規定により算定した相続分を超えて当該債権を承継した共同相続人が当該債権に係る遺言の内容（遺産の分割により当該債権を承継した場合にあっては、当該債権に係る遺産の分割の内容）を明らかにして債務者にその承継の通知をしたときは、共同相続人の全員が債務者に通知をしたものとみなして、同項の規定を適用する。	（新設）
(遺言による相続分の指定) 第902条　被相続人は、前2条の規定にかかわらず、遺言で、共同相続人の相続分を定め、又はこれを定めることを第三者に委託することができる。	(遺言による相続分の指定) 第902条　被相続人は、前2条の規定にかかわらず、遺言で、共同相続人の相続分を定め、又はこれを定めることを第三者に委託することができる。ただし、被相続人又は第三者は、遺留分に関する規定に違反することができない。
2　被相続人が、共同相続人中の一人若しくは数人の相続分のみを定め、又はこれを第三者に定めさせたときは、他の共同相続人の相続分は、前2条の規定により定める。	2　被相続人が、共同相続人中の一人若しくは数人の相続分のみを定め、又はこれを第三者に定めさせたときは、他の共同相続人の相続分は、前2条の規定により定める。

改 正 後	改 正 前
<u>（相続分の指定がある場合の債権者の権利の行使）</u>	
<u>第902条の2</u> <u>被相続人が相続開始の時において有した債務の債権者は、前条の規定による相続分の指定がされた場合であっても、各共同相続人に対し、第900条及び第901条の規定により算定した相続分に応じてその権利を行使することができる。ただし、その債権者が共同相続人の一人に対してその指定された相続分に応じた債務の承継を承認したときは、この限りでない。</u>	（新設）
（特別受益者の相続分）	（特別受益者の相続分）
第903条　共同相続人中に、被相続人から、遺贈を受け、又は婚姻若しくは養子縁組のため若しくは生計の資本として贈与を受けた者があるときは、被相続人が相続開始の時において有した財産の価額にその贈与の価額を加えたものを相続財産とみなし、<u>第900条から第902条までの規</u>定により算定した相続分の中からその遺贈又は贈与の価額を控除した残額をもってその者の相続分とする。	第903条　共同相続人中に、被相続人から、遺贈を受け、又は婚姻若しくは養子縁組のため若しくは生計の資本として贈与を受けた者があるときは、被相続人が相続開始の時において有した財産の価額にその贈与の価額を加えたものを相続財産とみなし、<u>前3条の規定により算定した相</u>続分の中からその遺贈又は贈与の価額を控除した残額をもってその者の相続分とする。
2　遺贈又は贈与の価額が、相続分の価額に等しく、又はこれを超えるときは、受遺者又は受贈者は、その相続分を受けることができない。	2　遺贈又は贈与の価額が、相続分の価額に等しく、又はこれを超えるときは、受遺者又は受贈者は、その相続分を受けることができない。
3　被相続人が前2項の規定と異なった意思を表示したときは、<u>その意思に従う。</u>	3　被相続人が前2項の規定と異なった意思を表示したときは、<u>その意思表示は、遺留分に関する規定に違反しない範囲内で、その効力を有する。</u>

改　正　後	改　正　前
4　婚姻期間が20年以上の夫婦の一方である被相続人が、他の一方に対し、その居住の用に供する建物又はその敷地について遺贈又は贈与をしたときは、当該被相続人は、その遺贈又は贈与について第1項の規定を適用しない旨の意思を表示したものと推定する。	（新設）
（遺産の分割の基準） 第906条　遺産の分割は、遺産に属する物又は権利の種類及び性質、各相続人の年齢、職業、心身の状態及び生活の状況その他一切の事情を考慮してこれをする。	（遺産の分割の基準） 第906条　遺産の分割は、遺産に属する物又は権利の種類及び性質、各相続人の年齢、職業、心身の状態及び生活の状況その他一切の事情を考慮してこれをする。
（遺産の分割前に遺産に属する財産が処分された場合の遺産の範囲） 第906条の2　遺産の分割前に遺産に属する財産が処分された場合であっても、共同相続人は、その全員の同意により、当該処分された財産が遺産の分割時に遺産として存在するものとみなすことができる。 2　前項の規定にかかわらず、共同相続人の一人又は数人により同項の財産が処分されたときは、当該共同相続人については、同項の同意を得ることを要しない。	（新設）
（遺産の分割の協議又は審判等） 第907条　共同相続人は、次条の規定により被相続人が遺言で禁じた場合	（遺産の分割の協議又は審判等） 第907条　共同相続人は、次条の規定により被相続人が遺言で禁じた場合

改　正　後	改　正　前
を除き、いつでも、その協議で、遺産の全部又は一部の分割をすることができる。	を除き、いつでも、その協議で、遺産の分割をすることができる。
2　遺産の分割について、共同相続人間に協議が調わないとき、又は協議をすることができないときは、各共同相続人は、その全部又は一部の分割を家庭裁判所に請求することができる。ただし、遺産の一部を分割することにより他の共同相続人の利益を害するおそれがある場合におけるその一部の分割については、この限りでない。	2　遺産の分割について、共同相続人間に協議が調わないとき、又は協議をすることができないときは、各共同相続人は、その分割を家庭裁判所に請求することができる。
3　前項本文の場合において特別の事由があるときは、家庭裁判所は、期間を定めて、遺産の全部又は一部について、その分割を禁ずることができる。	3　前項の場合において特別の事由があるときは、家庭裁判所は、期間を定めて、遺産の全部又は一部について、その分割を禁ずることができる。
第909条　遺産の分割は、相続開始の時にさかのぼってその効力を生ずる。ただし、第三者の権利を害することはできない。	第909条　遺産の分割は、相続開始の時にさかのぼってその効力を生ずる。ただし、第三者の権利を害することはできない。
（遺産の分割前における預貯金債権の行使） 第909条の2　各共同相続人は、遺産に属する預貯金債権のうち相続開始の時の債権額の3分の1に第900条及び第901条の規定により算定した当該共同相続人の相続分を乗じた額（標準的な当面の必要生計費、平均的な葬式の費用の額その他の事情を	（新設）

改　正　後	改　正　前
勘案して預貯金債権の債務者ごとに法務省令で定める額を限度とする。）については、単独でその権利を行使することができる。この場合において、当該権利の行使をした預貯金債権については、当該共同相続人が遺産の一部の分割によりこれを取得したものとみなす。	
（包括遺贈及び特定遺贈） 第964条　遺言者は、包括又は特定の名義で、その財産の全部又は一部を処分することができる。ただし、遺留分に関する規定に違反することができない。	（包括遺贈及び特定遺贈） 第964条　遺言者は、包括又は特定の名義で、その財産の全部又は一部を処分することができる。ただし、遺留分に関する規定に違反することができない。
（自筆証書遺言） 第968条　自筆証書によって遺言をするには、遺言者が、その全文、日付及び氏名を自書し、これに印を押さなければならない。 2　前項の規定にかかわらず、自筆証書にこれと一体のものとして相続財産（第997条第1項に規定する場合における同項に規定する権利を含む。）の全部又は一部の目録を添付する場合には、その目録については、自書することを要しない。この場合において、遺言者は、その目録の毎葉（自書によらない記載がその両面にある場合にあっては、その両面）に署名し、印を押さなければならない。	（自筆証書遺言） 第968条　自筆証書によって遺言をするには、遺言者が、その全文、日付及び氏名を自書し、これに印を押さなければならない。 （新設）

改 正 後	改 正 前
3　自筆証書（前項の目録を含む。）中の加除その他の変更は、遺言者が、その場所を指示し、これを変更した旨を付記して特にこれに署名し、かつ、その変更の場所に印を押さなければ、その効力を生じない。	2　自筆証書中の加除その他の変更は、遺言者が、その場所を指示し、これを変更した旨を付記して特にこれに署名し、かつ、その変更の場所に印を押さなければ、その効力を生じない。
（秘密証書遺言） 第970条　秘密証書によって遺言をするには、次に掲げる方式に従わなければならない。 　一　遺言者が、その証書に署名し、印を押すこと。 　二　遺言者が、その証書を封じ、証書に用いた印章をもってこれに封印すること。 　三　遺言者が、公証人一人及び証人二人以上の前に封書を提出して、自己の遺言書である旨並びにその筆者の氏名及び住所を申述すること。 　四　公証人が、その証書を提出した日付及び遺言者の申述を封紙に記載した後、遺言者及び証人とともにこれに署名し、印を押すこと。 2　第968条第3項の規定は、秘密証書による遺言について準用する。	（秘密証書遺言） 第970条　秘密証書によって遺言をするには、次に掲げる方式に従わなければならない。 　一　遺言者が、その証書に署名し、印を押すこと。 　二　遺言者が、その証書を封じ、証書に用いた印章をもってこれに封印すること。 　三　遺言者が、公証人一人及び証人二人以上の前に封書を提出して、自己の遺言書である旨並びにその筆者の氏名及び住所を申述すること。 　四　公証人が、その証書を提出した日付及び遺言者の申述を封紙に記載した後、遺言者及び証人とともにこれに署名し、印を押すこと。 2　第968条第2項の規定は、秘密証書による遺言について準用する。
（普通の方式による遺言の規定の準用） 第982条　第968条第3項及び第973条から第975条までの規定は、第976条から前条までの規定による遺言について準用する。	（普通の方式による遺言の規定の準用） 第982条　第960条第2項及び第973条から第975条までの規定は、第976条から前条までの規定による遺言について準用する。

資料編 2 民法（明治29年法律第89号）の一部改正

改　正　後	改　正　前
（遺贈義務者の引渡義務）	（不特定物の遺贈義務者の担保責任）
第998条　遺贈義務者は、遺贈の目的である物又は権利を、相続開始の時（その後に当該物又は権利について遺贈の目的として特定した場合にあっては、その特定した時）の状態で引き渡し、又は移転する義務を負う。ただし、遺言者がその遺言に別段の意思を表示したときは、その意思に従う。	第998条　不特定物を遺贈の目的とした場合において、受遺者がこれにつき第三者から追奪を受けたときは、遺贈義務者は、これに対して、売主と同じく、担保の責任を負う。 2　不特定物を遺贈の目的とした場合において、物に瑕疵があったときは、遺贈義務者は、瑕疵のない物をもってこれに代えなければならない。
	（第三者の権利の目的である財産の遺贈）
第1000条　削除	第1000条　遺贈の目的である物又は権利が遺言者の死亡の時において第三者の権利の目的であるときは、受遺者は、遺贈義務者に対しその権利を消滅させるべき旨を請求することができない。ただし、遺言者がその遺言に反対の意思を表示したときは、この限りでない。
（遺言執行者の任務の開始）	（遺言執行者の任務の開始）
第1007条　遺言執行者が就職を承諾したときは、直ちにその任務を行わなければならない。 2　遺言執行者は、その任務を開始したときは、遅滞なく、遺言の内容を相続人に通知しなければならない。	第1007条　遺言執行者が就職を承諾したときは、直ちにその任務を行わなければならない。 （新設）
（遺言執行者の権利義務）	（遺言執行者の権利義務）
第1012条　遺言執行者は、遺言の内	第1012条　遺言執行者は、相続財産

改　正　後	改　正　前
<u>容を実現するため、相続財産の管理</u>その他遺言の執行に必要な一切の行為をする権利義務を有する。	の管理その他遺言の執行に必要な一切の行為をする権利義務を有する。
<u>2　遺言執行者がある場合には、遺贈の履行は、遺言執行者のみが行うことができる。</u>	（新設）
3　第644条から第647条まで及び第650条の規定は、遺言執行者について準用する。	2　第644条から第647条まで及び第650条の規定は、遺言執行者について準用する。
（遺言の執行の妨害行為の禁止） 第1013条　遺言執行者がある場合には、相続人は、相続財産の処分その他遺言の執行を妨げるべき行為をすることができない。	（遺言の執行の妨害行為の禁止） 第1013条　遺言執行者がある場合には、相続人は、相続財産の処分その他遺言の執行を妨げるべき行為をすることができない。
<u>2　前項の規定に違反してした行為は、無効とする。ただし、これをもって善意の第三者に対抗することができない。</u>	（新設）
<u>3　前2項の規定は、相続人の債権者（相続債権者を含む。）が相続財産についてその権利を行使することを妨げない。</u>	（新設）
（特定財産に関する遺言の執行） 第1014条　前3条の規定は、遺言が相続財産のうち特定の財産に関する場合には、その財産についてのみ適用する。	（特定財産に関する遺言の執行） 第1014条　前3条の規定は、遺言が相続財産のうち特定の財産に関する場合には、その財産についてのみ適用する。
<u>2　遺産の分割の方法の指定として遺産に属する特定の財産を共同相続人の1人又は数人に承継させる旨の遺言（以下「特定財産承継遺言」とい</u>	（新設）

改　正　後	改　正　前
う。）があったときは、遺言執行者は、当該共同相続人が第899条の2第1項に規定する対抗要件を備えるために必要な行為をすることができる。	
3　前項の財産が預貯金債権である場合には、遺言執行者は、同項に規定する行為のほか、その預金又は貯金の払戻しの請求及びその預金又は貯金に係る契約の解約の申入れをすることができる。ただし、解約の申入れについては、その預貯金債権の全部が特定財産承継遺言の目的である場合に限る。	（新設）
4　前2項の規定にかかわらず、被相続人が遺言で別段の意思を表示したときは、その意思に従う。	（新設）
（遺言執行者の地位） 第1015条　遺言執行者がその権限内において遺言執行者であることを示してした行為は、相続人に対して直接にその効力を生ずる。	（遺言執行者の地位） 第1015条　遺言執行者は、相続人の代理人とみなす。
（遺言執行者の復任権） 第1016条　遺言執行者は、自己の責任で第三者にその任務を行わせることができる。ただし、遺言者がその遺言に別段の意思を表示したときは、その意思に従う。	（遺言執行者の復任権） 第1016条　遺言執行者は、やむを得ない事由がなければ、第三者にその任務を行わせることができない。ただし、遺言者がその遺言に反対の意思を表示したときは、この限りでない。
2　前項本文の場合において、第三者に任務を行わせることについてやむを得ない事由があるときは、遺言執行者は、相続人に対してその選任及び監督についての責任のみを負う。	2　遺言執行者が前項ただし書の規定により第三者にその任務を行わせる場合には、相続人に対して、第105条に規定する責任を負う。

改 正 後	改 正 前
第5節　遺言の撤回及び取消し	第5節　遺言の撤回及び取消し
（撤回された遺言の効力）	（撤回された遺言の効力）
第1025条　前3条の規定により撤回された遺言は、その撤回の行為が、撤回され、取り消され、又は効力を生じなくなるに至ったときであっても、その効力を回復しない。ただし、その行為が錯誤、詐欺又は強迫による場合は、この限りでない。	第1025条　前3条の規定により撤回された遺言は、その撤回の行為が、撤回され、取り消され、又は効力を生じなくなるに至ったときであっても、その効力を回復しない。ただし、その行為が詐欺又は強迫による場合は、この限りでない。
（負担付遺贈に係る遺言の取消し）	（負担付遺贈に係る遺言の取消し）
第1027条　負担付遺贈を受けた者がその負担した義務を履行しないときは、相続人は、相当の期間を定めてその履行の催告をすることができる。この場合において、その期間内に履行がないときは、その負担付遺贈に係る遺言の取消しを家庭裁判所に請求することができる。	第1027条　負担付遺贈を受けた者がその負担した義務を履行しないときは、相続人は、相当の期間を定めてその履行の催告をすることができる。この場合において、その期間内に履行がないときは、その負担付遺贈に係る遺言の取消しを家庭裁判所に請求することができる。
第8章　配偶者の居住の権利	（新設）
第1節　配偶者居住権	（新設）
（配偶者居住権）	
第1028条　被相続人の配偶者（以下この章において単に「配偶者」という。）は、被相続人の財産に属した建物に相続開始の時に居住していた場合において、次の各号のいずれかに該当するときは、その居住していた建物（以下この節において「居住建物」という。）の全部について無償で使用及び収益をする権利（以下この章において「配偶者居住権」と	（新設）

改　正　後	改　正　前
いう。）を取得する。ただし、被相続人が相続開始の時に居住建物を配偶者以外の者と共有していた場合にあっては、この限りでない。 　一　遺産の分割によって配偶者居住権を取得するものとされたとき。 　二　配偶者居住権が遺贈の目的とされたとき。 2　居住建物が配偶者の財産に属することとなった場合であっても、他の者がその共有持分を有するときは、配偶者居住権は、消滅しない。 3　第903条第4項の規定は、配偶者居住権の遺贈について準用する。 （審判による配偶者居住権の取得） 第1029条　遺産の分割の請求を受けた家庭裁判所は、次に掲げる場合に限り、配偶者が配偶者居住権を取得する旨を定めることができる。 　一　共同相続人間に配偶者が配偶者居住権を取得することについて合意が成立しているとき。 　二　配偶者が家庭裁判所に対して配偶者居住権の取得を希望する旨を申し出た場合において、居住建物の所有者の受ける不利益の程度を考慮してもなお配偶者の生活を維持するために特に必要があると認めるとき（前号に掲げる場合を除く。）。 （配偶者居住権の存続期間） 第1030条　配偶者居住権の存続期間	 （新設） （新設）

改 正 後	改 正 前
は、配偶者の終身の間とする。ただし、遺産の分割の協議若しくは遺言に別段の定めがあるとき、又は家庭裁判所が遺産の分割の審判において別段の定めをしたときは、その定めるところによる。 （配偶者居住権の登記等） 第1031条　居住建物の所有者は、配偶者（配偶者居住権を取得した配偶者に限る。以下この節において同じ。）に対し、配偶者居住権の設定の登記を備えさせる義務を負う。	
	（新設）
2　第605条の規定は配偶者居住権について、第605条の4の規定は配偶者居住権の設定の登記を備えた場合について準用する。	（新設）
（配偶者による使用及び収益） 第1032条　配偶者は、従前の用法に従い、善良な管理者の注意をもって、居住建物の使用及び収益をしなければならない。ただし、従前居住の用に供していなかった部分について、これを居住の用に供することを妨げない。	（新設）
2　配偶者居住権は、譲渡することができない。	
3　配偶者は、居住建物の所有者の承諾を得なければ、居住建物の改築若しくは増築をし、又は第三者に居住建物の使用若しくは収益をさせることができない。	

|| 資料編 | 2　民法（明治29年法律第89号）の一部改正 ||

改　正　後	改　正　前
4　配偶者が第1項又は前項の規定に違反した場合において、居住建物の所有者が相当の期間を定めてその是正の催告をし、その期間内に是正がされないときは、居住建物の所有者は、当該配偶者に対する意思表示によって配偶者居住権を消滅させることができる。 （居住建物の修繕等） 第1033条　配偶者は、居住建物の使用及び収益に必要な修繕をすることができる。 2　居住建物の修繕が必要である場合において、配偶者が相当の期間内に必要な修繕をしないときは、居住建物の所有者は、その修繕をすることができる。 3　居住建物が修繕を要するとき（第1項の規定により配偶者が自らその修繕をするときを除く。）、又は居住建物について権利を主張する者があるときは、配偶者は、居住建物の所有者に対し、遅滞なくその旨を通知しなければならない。ただし、居住建物の所有者が既にこれを知っているときは、この限りでない。 （居住建物の費用の負担） 第1034条　配偶者は、居住建物の通常の必要費を負担する。 2　第583条第2項の規定は、前項の通常の必要費以外の費用について準用する。	 （新設） （新設）

227

改　正　後	改　正　前
(居住建物の返還等)	
第1035条　配偶者は、配偶者居住権が消滅したときは、居住建物の返還をしなければならない。ただし、配偶者が居住建物について共有持分を有する場合は、居住建物の所有者は、配偶者居住権が消滅したことを理由としては、居住建物の返還を求めることができない。	(新設)
２　第599条第1項及び第2項並びに第621条の規定は、前項本文の規定により配偶者が相続の開始後に附属させた物がある居住建物又は相続の開始後に生じた損傷がある居住建物の返還をする場合について準用する。	
(使用貸借及び賃貸借の規定の準用)	
第1036条　第597条第1項及び第3項、第600条、第613条並びに第616条の2の規定は、配偶者居住権について準用する。	(新設)
第2節　配偶者短期居住権	(新設)
(配偶者短期居住権)	
第1037条　配偶者は、被相続人の財産に属した建物に相続開始の時に無償で居住していた場合には、次の各号に掲げる区分に応じてそれぞれ当該各号に定める日までの間、その居住していた建物(以下この節において「居住建物」という。)の所有権を相続又は遺贈により取得した者	

改　正　後	改　正　前
(以下この節において「居住建物取得者」という。) に対し、居住建物について無償で使用する権利（居住建物の一部のみを無償で使用していた場合にあっては、その部分について無償で使用する権利。以下この節において「配偶者短期居住権」という。) を有する。ただし、配偶者が、相続開始の時において居住建物に係る配偶者居住権を取得したとき、又は第891条の規定に該当し若しくは廃除によってその相続権を失ったときは、この限りでない。 一　居住建物について配偶者を含む共同相続人間で遺産の分割をすべき場合　遺産の分割により居住建物の帰属が確定した日又は相続開始の時から6箇月を経過する日のいずれか遅い日 二　前号に掲げる場合以外の場合　第3項の申入れの日から6箇月を経過する日 2　前項本文の場合においては、居住建物取得者は、第三者に対する居住建物の譲渡その他の方法により配偶者の居住建物の使用を妨げてはならない。 3　居住建物取得者は、第1項第1号に掲げる場合を除くほか、いつでも配偶者短期居住権の消滅の申入れをすることができる。 （配偶者による使用） 第1038条　配偶者（配偶者短期居住	（新設）

改　正　後	改　正　前
権を有する配偶者に限る。以下この節において同じ。）は、従前の用法に従い、善良な管理者の注意をもって、居住建物の使用をしなければならない。 2　配偶者は、居住建物取得者の承諾を得なければ、第三者に居住建物の使用をさせることができない。 3　配偶者が前2項の規定に違反したときは、居住建物取得者は、当該配偶者に対する意思表示によって配偶者短期居住権を消滅させることができる。 （配偶者居住権の取得による配偶者短期居住権の消滅） 第1039条　配偶者が居住建物に係る配偶者居住権を取得したときは、配偶者短期居住権は、消滅する。 （居住建物の返還等） 第1040条　配偶者は、前条に規定する場合を除き、配偶者短期居住権が消滅したときは、居住建物の返還をしなければならない。ただし、配偶者が居住建物について共有持分を有する場合は、居住建物取得者は、配偶者短期居住権が消滅したことを理由としては、居住建物の返還を求めることができない。 2　第599条第1項及び第2項並びに第621条の規定は、前項本文の規定により配偶者が相続の開始後に附	 （新設） （新設）

改　正　後	改　正　前
属させた物がある居住建物又は相続の開始後に生じた損傷がある居住建物の返還をする場合について準用する。	
（使用貸借等の規定の準用） 第1041条　第597条第3項、第600条、第616条の2、第1032条第2項、第1033条及び第1034条の規定は、配偶者短期居住権について準用する。	（新設）
第9章　遺留分 （遺留分の帰属及びその割合） 第1042条　兄弟姉妹以外の相続人は、遺留分として、次条第1項に規定する遺留分を算定するための財産の価額に、次の各号に掲げる区分に応じてそれぞれ当該各号に定める割合を乗じた額を受ける。 　一　直系尊属のみが相続人である場合　被相続人の財産の3分の1 　二　前号に掲げる場合以外の場合　被相続人の財産の2分の1 2　相続人が数人ある場合には、前項各号に定める割合は、これらに第900条及び第901条の規定により算定したその各自の相続分を乗じた割合とする。	第8章　遺留分 （遺留分の帰属及びその割合） 第1028条　兄弟姉妹以外の相続人は、遺留分として、次の各号に掲げる区分に応じてそれぞれ当該各号に定める割合に相当する額を受ける。 　一　直系尊属のみが相続人である場合　被相続人の財産の3分の1 　二　前号に掲げる場合以外の場合　被相続人の財産の2分の1 （新設）
（遺留分の算定） 第1043条　遺留分を算定するための財産の価額は、被相続人が相続開始	（遺留分の算定） 第1029条　遺留分は、被相続人が相続開始の時において有した財産の価

改 正 後	改 正 前
の時において有した財産の価額にその贈与した財産の価額を加えた額から債務の全額を控除して、これを算定する。	額にその贈与した財産の価額を加えた額から債務の全額を控除して、これを算定する。
2 条件付きの権利又は存続期間の不確定な権利は、家庭裁判所が選任した鑑定人の評価に従って、その価格を定める。	2 条件付きの権利又は存続期間の不確定な権利は、家庭裁判所が選任した鑑定人の評価に従って、その価格を定める。
<u>第1044条</u> 贈与は、相続開始前の1年間にしたものに限り、前条の規定によりその価額を算入する。当事者双方が遺留分権利者に損害を加えることを知って贈与をしたときは、1年前の日より前にしたものについても、同様とする。	<u>第1030条</u> 贈与は、相続開始前の1年間にしたものに限り、前条の規定によりその価額を算入する。当事者双方が遺留分権利者に損害を加えることを知って贈与をしたときは、1年前の日より前にしたものについても、同様とする。
<u>2 第904条の規定は、前項に規定する贈与の価額について準用する。</u>	(新設)
<u>3 相続人に対する贈与についての第1項の規定の適用については、同項中「1年」とあるのは「10年」と、「価額」とあるのは「価額（婚姻若しくは養子縁組のため又は生計の資本として受けた贈与の価額に限る。）」とする。</u>	(新設)
	<u>（遺贈又は贈与の減殺請求）</u>
(削る)	<u>第1031条</u> 遺留分権利者及びその承継人は、遺留分を保全するのに必要な限度で、遺贈及び前条に規定する贈与の減殺を請求することができる。

改　正　後	改　正　前
（削る）	（条件付権利等の贈与又は遺贈の一部の減殺） 第1032条　条件付きの権利又は存続期間の不確定な権利を贈与又は遺贈の目的とした場合において、その贈与又は遺贈の一部を減殺すべきときは、遺留分権利者は、第1029条第2項の規定により定めた価格に従い、直ちにその残部の価額を受贈者又は受遺者に給付しなければならない。
（削る）	（贈与と遺贈の減殺の順序） 第1033条　贈与は、遺贈を減殺した後でなければ、減殺することができない。
（削る）	（遺贈の減殺の割合） 第1034条　遺贈は、その目的の価額の割合に応じて減殺する。ただし、遺言者がその遺言に別段の意思を表示したときは、その意思に従う。
（削る）	（贈与の減殺の順序） 第1035条　贈与の減殺は、後の贈与から順次前の贈与に対してする。
（削る）	（受贈者による果実の返還） 第1036条　受贈者は、その返還すべき財産のほか、減殺の請求があった日以後の果実を返還しなければならない。

改　正　後	改　正　前
（削る）	（受贈者の無資力による損失の負担） 第1037条　減殺を受けるべき受贈者の無資力によって生じた損失は、遺留分権利者の負担に帰する。
（削る）	（負担付贈与の減殺請求） 第1038条　負担付贈与は、その目的の価額から負担の価額を控除したものについて、その減殺を請求することができる。
（不相当な対価による有償行為） 第1045条　負担付贈与がされた場合における第1043条第1項に規定する贈与した財産の価額は、その目的の価額から負担の価額を控除した額とする。	（不相当な対価による有償行為） 第1039条　（新設）
2　不相当な対価をもってした有償行為は、当事者双方が遺留分権利者に損害を加えることを知ってしたものに限り、当該対価を負担の価額とする負担付贈与とみなす。	2　不相当な対価をもってした有償行為は、当事者双方が遺留分権利者に損害を加えることを知ってしたものに限り、これを贈与とみなす。この場合において、遺留分権利者がその減殺を請求するときは、その対価を償還しなければならない。
（遺留分侵害額の請求） 第1046条　遺留分権利者及びその承継人は、受遺者（特定財産承継遺言により財産を承継し又は相続分の指定を受けた相続人を含む。以下この章において同じ。）又は受贈者に対し、遺留分侵害額に相当する金銭の支払を請求することができる。	（新設）

||資料編|2 民法（明治29年法律第89号）の一部改正||

改　正　後	改　正　前
2　遺留分侵害額は、第1042条の規定による遺留分から第1号及び第2号に掲げる額を控除し、これに第3号に掲げる額を加算して算定する。 　一　遺留分権利者が受けた遺贈又は第903条第1項に規定する贈与の価額 　二　第900条から第902条まで、第903条及び第904条の規定により算定した相続分に応じて遺留分権利者が取得すべき遺産の価額 　三　被相続人が相続開始の時において有した債務のうち、第899条の規定により遺留分権利者が承継する債務（次条第3項において「遺留分権利者承継債務」という。）の額 （受遺者又は受贈者の負担額） 第1047条　受遺者又は受贈者は、次の各号の定めるところに従い、遺贈（特定財産承継遺言による財産の承継又は相続分の指定による遺産の取得を含む。以下この章において同じ。）又は贈与（遺留分を算定するための財産の価額に算入されるものに限る。以下この章において同じ。）の目的の価額（受遺者又は受贈者が相続人である場合にあっては、当該価額から第1042条の規定による遺留分として当該相続人が受けるべき額を控除した額）を限度として、遺留分侵害額を負担する。	（新設）

235

改　正　後	改　正　前
二　受遺者と受贈者とがあるとき 　　は、受遺者が先に負担する。 　二　受遺者が複数あるとき、又は受 　　贈者が複数ある場合においてその 　　贈与が同時にされたものであると 　　きは、受遺者又は受贈者がその目 　　的の価額の割合に応じて負担す 　　る。ただし、遺言者がその遺言に 　　別段の意思を表示したときは、そ 　　の意思に従う。 　三　受贈者が複数あるとき（前号に 　　規定する場合を除く。）は、後の 　　贈与に係る受贈者から順次前の贈 　　与に係る受贈者が負担する。 2　第904条、第1043条第2項及び第 　1045条の規定は、前項に規定する 　遺贈又は贈与の目的の価額について 　準用する。 3　前条第1項の請求を受けた受遺者 　又は受贈者は、遺留分権利者承継債 　務について弁済その他の債務を消滅 　させる行為をしたときは、消滅した 　債務の額の限度において、遺留分権 　利者に対する意思表示によって第1 　項の規定により負担する債務を消滅 　させることができる。この場合にお 　いて、当該行為によって遺留分権利 　者に対して取得した求償権は、消滅 　した当該債務の額の限度において消 　滅する。 4　受遺者又は受贈者の無資力によっ 　て生じた損失は、遺留分権利者の負 　担に帰する。	

‖資料編‖ 2 民法（明治29年法律第89号）の一部改正 ‖

改　正　後	改　正　前
5　裁判所は、受遺者又は受贈者の請求により、第1項の規定により負担する債務の全部又は一部の支払につき相当の期限を許与することができる。	
（削る）	（受贈者が贈与の目的を譲渡した場合等） 第1040条　減殺を受けるべき受贈者が贈与の目的を他人に譲り渡したときは、遺留分権利者にその価額を弁償しなければならない。ただし、譲受人が譲渡の時において遺留分権利者に損害を加えることを知っていたときは、遺留分権利者は、これに対しても減殺を請求することができる。 2　前項の規定は、受贈者が贈与の目的につき権利を設定した場合について準用する。
（削る）	（遺留分権利者に対する価額による弁償） 第1041条　受贈者及び受遺者は、減殺を受けるべき限度において、贈与又は遺贈の目的の価額を遺留分権利者に弁償して返還の義務を免れることができる。 2　前項の規定は、前条第1項ただし書の場合について準用する。
（減殺請求権の期間の制限） 第1048条　遺留分侵害額の請求権は、遺留分権利者が、相続の開始及び遺留分を侵害する贈与又は遺贈が	（減殺請求権の期間の制限） 第1042条　減殺の請求権は、遺留分権利者が、相続の開始及び減殺すべき贈与又は遺贈があったことを知っ

237

改　正　後	改　正　前
あったことを知った時から1年間行使しないときは、時効によって消滅する。相続開始の時から10年を経過したときも、同様とする。	た時から1年間行使しないときは、時効によって消滅する。相続開始の時から10年を経過したときも、同様とする。
（遺留分の放棄）	（遺留分の放棄）
第1049条　相続の開始前における遺留分の放棄は、家庭裁判所の許可を受けたときに限り、その効力を生ずる。	第1043条　相続の開始前における遺留分の放棄は、家庭裁判所の許可を受けたときに限り、その効力を生ずる。
2　共同相続人の一人のした遺留分の放棄は、他の各共同相続人の遺留分に影響を及ぼさない。	2　共同相続人の一人のした遺留分の放棄は、他の各共同相続人の遺留分に影響を及ぼさない。
（削る）	（代襲相続及び相続分の規定の準用） 第1044条　第887条第2項及び第3項、第900条、第901条、第903条並びに第904条の規定は、遺留分について準用する。
第10章　特別の寄与 第1050条　被相続人に対して無償で療養看護その他の労務の提供をしたことにより被相続人の財産の維持又は増加について特別の寄与をした被相続人の親族（相続人、相続の放棄をした者及び第891条の規定に該当し又は廃除によってその相続権を失った者を除く。以下この条において「特別寄与者」という。）は、相続の開始後、相続人に対し、特別寄与者の寄与に応じた額の金銭（以下この条において「特別寄与料」という。）の支払を請求することができる。	（新設）

改　正　後	改　正　前
2　前項の規定による特別寄与料の支払について、当事者間に協議が調わないとき、又は協議をすることができないときは、特別寄与者は、家庭裁判所に対して協議に代わる処分を請求することができる。ただし、特別寄与者が相続の開始及び相続人を知った時から6箇月を経過したとき、又は相続開始の時から1年を経過したときは、この限りでない。 3　前項本文の場合には、家庭裁判所は、寄与の時期、方法及び程度、相続財産の額その他一切の事情を考慮して、特別寄与料の額を定める。 4　特別寄与料の額は、被相続人が相続開始の時において有した財産の価額から遺贈の価額を控除した残額を超えることができない。 5　相続人が数人ある場合には、各相続人は、特別寄与料の額に第900条から第902条までの規定により算定した当該相続人の相続分を乗じた額を負担する。	

3　家事事件手続法（平成23年法律第52号）の一部改正

改　正　後	改　正　前
目次	目次
第2編　家事審判に関する手続	第2編　家事審判に関する手続
第2章　家事審判事件	第2章　家事審判事件
<u>第18節　遺留分に関する審判事件（第216条）</u>	<u>第18節　遺留分に関する審判事件（第216条）</u>
<u>第18節の2　特別の寄与に関する審判事件（第216条の2―第216条の5）</u>	（新設）
（相続に関する審判事件の管轄権）	（相続に関する審判事件の管轄権）
第3条の11　裁判所は、相続に関する審判事件（別表第1の86の項から110の項まで及び133の項並びに別表第2の11の項から<u>15の項</u>までの事項についての審判事件をいう。）について、相続開始の時における被相続人の住所が日本国内にあるとき、住所がない場合又は住所が知れない場合には相続開始の時における被相続人の居所が日本国内にあるとき、居所がない場合又は居所が知れない場合には被相続人が相続開始の前に日本国内に住所を有していたとき（日本国内に最後に住所を有していた後に外国に住所を有していたときを除く。）は、管轄権を有する。	**第3条の11**　裁判所は、相続に関する審判事件（別表第1の86の項から110の項まで及び133の項並びに別表第2の11の項から<u>14の項</u>までの事項についての審判事件をいう。）について、相続開始の時における被相続人の住所が日本国内にあるとき、住所がない場合又は住所が知れない場合には相続開始の時における被相続人の居所が日本国内にあるとき、居所がない場合又は居所が知れない場合には被相続人が相続開始の前に日本国内に住所を有していたとき（日本国内に最後に住所を有していた後に外国に住所を有していたときを除く。）は、管轄権を有する。
2　相続開始の前に推定相続人の廃除の審判事件（別表第1の86の項の事項についての審判事件をいう。以下同じ。）、推定相続人の廃除の審判	2　相続開始の前に推定相続人の廃除の審判事件（別表第1の86の項の事項についての審判事件をいう。以下同じ。）、推定相続人の廃除の審判

改 正 後	改 正 前
の取消しの審判事件（同表の87の項の事項についての審判事件をいう。第188条第1項及び第189条第1項において同じ。）、遺言の確認の審判事件（同表の102の項の事項についての審判事件をいう。第209条第2項において同じ。）又は遺留分の放棄についての許可の審判事件（同表の110の項の事項についての審判事件をいう。第216条第1項第2号において同じ。）の申立てがあった場合における前項の規定の適用については、同項中「相続開始の時における被相続人」とあるのは「被相続人」と、「相続開始の前」とあるのは「申立て前」とする。	の取消しの審判事件（同表の87の項の事項についての審判事件をいう。第188条第1項及び第189条第1項において同じ。）、遺言の確認の審判事件（同表の102の項の事項についての審判事件をいう。第209条第2項において同じ。）又は遺留分の放棄についての許可の審判事件（同表の110の項の事項についての審判事件をいう。第216条第1項第2号において同じ。）の申立てがあった場合における前項の規定の適用については、同項中「相続開始の時における被相続人」とあるのは「被相続人」と、「相続開始の前」とあるのは「申立て前」とする。
3　裁判所は、第1項に規定する場合のほか、推定相続人の廃除の審判又はその取消しの審判の確定前の遺産の管理に関する処分の審判事件（別表第1の88の項の事項についての審判事件をいう。第189条第1項及び第2項において同じ。）、相続財産の保存又は管理に関する処分の審判事件（同表の90の項の事項についての審判事件をいう。第201条第10項において同じ。）、限定承認を受理した場合における相続財産の管理人の選任の審判事件（同表の94の項の事項についての審判事件をいう。）、財産分離の請求後の相続財産の管理に関する処分の審判事件（同表の97の項の事項についての審	3　裁判所は、第1項に規定する場合のほか、推定相続人の廃除の審判又はその取消しの審判の確定前の遺産の管理に関する処分の審判事件（別表第1の88の項の事項についての審判事件をいう。第189条第1項及び第2項において同じ。）、相続財産の保存又は管理に関する処分の審判事件（同表の90の項の事項についての審判事件をいう。第201条第10項において同じ。）、限定承認を受理した場合における相続財産の管理人の選任の審判事件（同表の94の項の事項についての審判事件をいう。）、財産分離の請求後の相続財産の管理に関する処分の審判事件（同表の97の項の事項についての審

改 正 後	改 正 前
事件をいう。第202条第1項第2号及び第3項において同じ。）及び相続人の不存在の場合における相続財産の管理に関する処分の審判事件（同表の99の項の事項についての審判事件をいう。以下同じ。）について、相続財産に属する財産が日本国内にあるときは、管轄権を有する。	事件をいう。第202条第1項第2号及び第3項において同じ。）及び相続人の不存在の場合における相続財産の管理に関する処分の審判事件（同表の99の項の事項についての審判事件をいう。以下同じ。）について、相続財産に属する財産が日本国内にあるときは、管轄権を有する。
4　当事者は、合意により、いずれの国の裁判所に遺産の分割に関する審判事件（別表第2の12の項から14の項までの事項についての審判事件をいう。第3条の14及び第191条第1項において同じ。）及び特別の寄与に関する処分の審判事件（同表の15の項の事項についての審判事件をいう。第3条の14及び第216条の2において同じ。）の申立てをすることができるかについて定めることができる。	4　当事者は、合意により、いずれの国の裁判所に遺産の分割に関する審判事件（別表第2の12の項から14の項までの事項についての審判事件をいう。第3条の14及び第191条第1項において同じ。）の申立てをすることができるかについて定めることができる。
5　民事訴訟法（平成8年法律第109号）第3条の7第2項から第4項までの規定は、前項の合意について準用する。	5　民事訴訟法（平成8年法律第109号）第3条の7第2項から第4項までの規定は、前項の合意について準用する。
（特別の事情による申立ての却下） 第3条の14　裁判所は、第3条の2から前条までに規定する事件について日本の裁判所が管轄権を有することとなる場合（遺産の分割に関する審判事件又は特別の寄与に関する処分の審判事件について、日本の裁判所にのみ申立てをすることができる旨	（特別の事情による申立ての却下） 第3条の14　裁判所は、第3条の2から前条までに規定する事件について日本の裁判所が管轄権を有することとなる場合（遺産の分割に関する審判事件について、日本の裁判所にのみ申立てをすることができる旨の合意に基づき申立てがされた場合を除

改　正　後	改　正　前
の合意に基づき申立てがされた場合を除く。）においても、事案の性質、申立人以外の事件の関係人の負担の程度、証拠の所在地、未成年者である子の利益その他の事情を考慮して、日本の裁判所が審理及び裁判をすることが適正かつ迅速な審理の実現を妨げ、又は相手方がある事件について申立人と相手方との間の衡平を害することとなる特別の事情があると認めるときは、その申立ての全部又は一部を却下することができる。	く。）においても、事案の性質、申立人以外の事件の関係人の負担の程度、証拠の所在地、未成年者である子の利益その他の事情を考慮して、日本の裁判所が審理及び裁判をすることが適正かつ迅速な審理の実現を妨げ、又は相手方がある事件について申立人と相手方との間の衡平を害することとなる特別の事情があると認めるときは、その申立ての全部又は一部を却下することができる。
（遺産の分割の審判事件を本案とする保全処分） 第200条　家庭裁判所（第百5条第2項の場合にあっては、高等裁判所。次項及び第3項において同じ。）は、遺産の分割の審判又は調停の申立てがあった場合において、財産の管理のため必要があるときは、申立てにより又は職権で、担保を立てさせないで、遺産の分割の申立てについての審判が効力を生ずるまでの間、財産の管理者を選任し、又は事件の関係人に対し、財産の管理に関する事項を指示することができる。 2　家庭裁判所は、遺産の分割の審判又は調停の申立てがあった場合において、強制執行を保全し、又は事件の関係人の急迫の危険を防止するため必要があるときは、当該申立てを	（遺産の分割の審判事件を本案とする保全処分） 第200条　家庭裁判所（第105条第2項の場合にあっては、高等裁判所。次項において同じ。）は、遺産の分割の審判又は調停の申立てがあった場合において、財産の管理のため必要があるときは、申立てにより又は職権で、担保を立てさせないで、遺産の分割の申立てについての審判が効力を生ずるまでの間、財産の管理者を選任し、又は事件の関係人に対し、財産の管理に関する事項を指示することができる。 2　家庭裁判所は、遺産の分割の審判又は調停の申立てがあった場合において、強制執行を保全し、又は事件の関係人の急迫の危険を防止するため必要があるときは、当該申立てを

改 正 後	改 正 前
した者又は相手方の申立てにより、遺産の分割の審判を本案とする仮差押え、仮処分その他の必要な保全処分を命ずることができる。	した者又は相手方の申立てにより、遺産の分割の審判を本案とする仮差押え、仮処分その他の必要な保全処分を命ずることができる。
<u>3 前項に規定するもののほか、家庭裁判所は、遺産の分割の審判又は調停の申立てがあった場合において、相続財産に属する債務の弁済、相続人の生活費の支弁その他の事情により遺産に属する預貯金債権（民法第466条の5第1項に規定する預貯金債権をいう。以下この項において同じ。）を当該申立てをした者又は相手方が行使する必要があると認めるときは、その申立てにより、遺産に属する特定の預貯金債権の全部又は一部をその者に仮に取得させることができる。ただし、他の共同相続人の利益を害するときは、この限りでない。</u>	（新設）
4 第125条第1項から第6項までの規定及び民法第27条から第29条まで（同法第27条第2項を除く。）の規定は、第1項の財産の管理者について準用する。この場合において、第125条第3項中「成年被後見人の財産」とあるのは、「遺産」と読み替えるものとする。	3 第125条第1項から第6項までの規定及び民法第27条から第29条まで（同法第27条第2項を除く。）の規定は、第1項の財産の管理者について準用する。この場合において、第125条第3項中「成年被後見人の財産」とあるのは、「遺産」と読み替えるものとする。
（遺言執行者の解任の審判事件を本案とする保全処分）	（遺言執行者の解任の審判事件を本案とする保全処分）
第215条 家庭裁判所（第105条第2項の場合にあっては、高等裁判所。	第215条 家庭裁判所（第105条第2項の場合にあっては、高等裁判所。

改　正　後	改　正　前
第3項及び第4項において同じ。）は、遺言執行者の解任の申立てがあった場合において、<u>遺言の内容の実現</u>のため必要があるときは、当該申立てをした者の申立てにより、遺言執行者の解任の申立てについての審判が効力を生ずるまでの間、遺言執行者の職務の執行を停止し、又はその職務代行者を選任することができる。	第3項及び第4項において同じ。）は、遺言執行者の解任の申立てがあった場合において、<u>相続人の利益</u>のため必要があるときは、当該申立てをした者の申立てにより、遺言執行者の解任の申立てについての審判が効力を生ずるまでの間、遺言執行者の職務の執行を停止し、又はその職務代行者を選任することができる。
2　前項の規定による遺言執行者の職務の執行を停止する審判は、職務の執行を停止される遺言執行者、他の遺言執行者又は同項の規定により選任した職務代行者に告知することによって、その効力を生ずる。	2　前項の規定による遺言執行者の職務の執行を停止する審判は、職務の執行を停止される遺言執行者、他の遺言執行者又は同項の規定により選任した職務代行者に告知することによって、その効力を生ずる。
3　家庭裁判所は、いつでも、第1項の規定により選任した職務代行者を改任することができる。	3　家庭裁判所は、いつでも、第1項の規定により選任した職務代行者を改任することができる。
4　家庭裁判所は、第1項の規定により選任し、又は前項の規定により改任した職務代行者に対し、相続財産の中から、相当な報酬を与えることができる。	4　家庭裁判所は、第1項の規定により選任し、又は前項の規定により改任した職務代行者に対し、相続財産の中から、相当な報酬を与えることができる。
第18節　遺留分に関する審判事件	第18節　遺留分に関する審判事件
第216条　次の各号に掲げる審判事件は、当該各号に定める地を管轄する家庭裁判所の管轄に属する。	第216条　次の各号に掲げる審判事件は、当該各号に定める地を管轄する家庭裁判所の管轄に属する。
一　<u>遺留分を算定するための財産の価額を定める場合における</u>鑑定人の選任の審判事件（別表第1の	一　遺留分を算定する場合における鑑定人の選任の審判事件（別表第1の109の項の事項についての審

改　正　後	改　正　前
109の項の事項についての審判事件をいう。）　相続が開始した地	判事件をいう。）　相続が開始した地
二　遺留分の放棄についての許可の審判事件（別表第1の110の項の事項についての審判事件をいう。）　被相続人の住所地	二　遺留分の放棄についての許可の審判事件（別表第1の110の項の事項についての審判事件をいう。）　被相続人の住所地
2　遺留分の放棄についての許可の申立てをした者は、申立てを却下する審判に対し、即時抗告をすることができる。	2　遺留分の放棄についての許可の申立てをした者は、申立てを却下する審判に対し、即時抗告をすることができる。
第18節の2　特別の寄与に関する審判事件	（新設）
（管轄）	
第216条の2　特別の寄与に関する処分の審判事件は、相続が開始した地を管轄する家庭裁判所の管轄に属する。	（新設）
（給付命令）	
第216条の3　家庭裁判所は、特別の寄与に関する処分の審判において、当事者に対し、金銭の支払を命ずることができる。	（新設）
（即時抗告）	
第216条の4　次の各号に掲げる審判に対しては、当該各号に定める者は、即時抗告をすることができる。	（新設）
一　特別の寄与に関する処分の審判　申立人及び相手方	
二　特別の寄与に関する処分の申立てを却下する審判　申立人	

‖資料編‖ 3 家事事件手続法（平成23年法律第52号）の一部改正‖

改　正　後	改　正　前
<u>（特別の寄与に関する審判事件を本案とする保全処分）</u> <u>第216条の5</u>　<u>家庭裁判所（第105条第2項の場合にあっては、高等裁判所）は、特別の寄与に関する処分についての審判又は調停の申立てがあった場合において、強制執行を保全し、又は申立人の急迫の危険を防止するため必要があるときは、当該申立てをした者の申立てにより、特別の寄与に関する処分の審判を本案とする仮差押え、仮処分その他の必要な保全処分を命ずることができる。</u>	（新設）
第233条　請求すべき按_{あん}分割合に関する処分の審判事件（<u>別表第2の16</u>の項の事項についての審判事件をいう。）は、申立人又は相手方の住所地を管轄する家庭裁判所の管轄に属する。 2　申立人及び相手方は、請求すべき按分割合に関する処分の審判及びその申立てを却下する審判に対し、即時抗告をすることができる。 3　請求すべき按分割合に関する処分の審判の手続については、第68条第2項の規定は、適用しない。	第233条　請求すべき按_{あん}分割合に関する処分の審判事件（<u>別表第2の15</u>の項の事項についての審判事件をいう。）は、申立人又は相手方の住所地を管轄する家庭裁判所の管轄に属する。 2　申立人及び相手方は、請求すべき按分割合に関する処分の審判及びその申立てを却下する審判に対し、即時抗告をすることができる。 3　請求すべき按分割合に関する処分の審判の手続については、第68条第2項の規定は、適用しない。
第240条　施設への入所等についての許可の審判事件（別表第1の129の項の事項についての審判事件をいう。第3項において同じ。）は、被	第240条　施設への入所等についての許可の審判事件（別表第1の129の項の事項についての審判事件をいう。第3項において同じ。）は、被

改　正　後	改　正　前
保護者の住所地を管轄する家庭裁判所の管轄に属する。	保護者の住所地を管轄する家庭裁判所の管轄に属する。
2　扶養義務者の負担すべき費用額の確定の審判事件（<u>別表第2の17の項</u>の事項についての審判事件をいう。）は、扶養義務者（数人に対する申立てに係るものにあっては、そのうちの1人）の住所地を管轄する家庭裁判所の管轄に属する。	2　扶養義務者の負担すべき費用額の確定の審判事件（<u>別表第2の16の項</u>の事項についての審判事件をいう。）は、扶養義務者（数人に対する申立てに係るものにあっては、そのうちの1人）の住所地を管轄する家庭裁判所の管轄に属する。
3　第118条の規定は、施設への入所等についての許可の審判事件における被保護者、被保護者に対し親権を行う者及び被保護者の後見人について準用する。	3　第118条の規定は、施設への入所等についての許可の審判事件における被保護者、被保護者に対し親権を行う者及び被保護者の後見人について準用する。
4　家庭裁判所は、施設への入所等についての許可の申立てについての審判をする場合には、申立てが不適法であるとき又は申立てに理由がないことが明らかなときを除き、被保護者（15歳以上のものに限る。）、被保護者に対し親権を行う者及び被保護者の後見人の陳述を聴かなければならない。	4　家庭裁判所は、施設への入所等についての許可の申立てについての審判をする場合には、申立てが不適法であるとき又は申立てに理由がないことが明らかなときを除き、被保護者（15歳以上のものに限る。）、被保護者に対し親権を行う者及び被保護者の後見人の陳述を聴かなければならない。
5　施設への入所等についての許可の審判は、第74条第1項に規定する者のほか、被保護者に対し親権を行う者及び被保護者の後見人に告知しなければならない。	5　施設への入所等についての許可の審判は、第74条第1項に規定する者のほか、被保護者に対し親権を行う者及び被保護者の後見人に告知しなければならない。
6　次の各号に掲げる審判に対しては、当該各号に定める者は、即時抗告をすることができる。	6　次の各号に掲げる審判に対しては、当該各号に定める者は、即時抗告をすることができる。
一　施設への入所等についての許可の審判　被保護者に対し親権を行	一　施設への入所等についての許可の審判　被保護者に対し親権を行

改　正　後	改　正　前

う者及び被保護者の後見人

二　施設への入所等についての許可の申立てを却下する審判　申立人

三　扶養義務者の負担すべき費用額の確定の審判及びその申立てを却下する審判　申立人及び相手方

別表第一（略）

項	事項	根拠となる法律の規定
	略	
109	遺留分の算定するための財産の価額を定める場合における鑑定人の選任	民法第1043条第2項
110	遺留分の放棄についての許可	民法第1049条第1項
	（略）	

別表第二

項	事項	根拠となる法律の規定
	略	
遺産の分割		
12	遺産の分割	民法第907条第2項
13	遺産の分割の禁止	民法第907条第3項
14	寄与分を定める処分	民法第904条の2第2項
特別の寄与		
15	特別の寄与に関する処分	民法第1050条第2項
	略	

う者及び被保護者の後見人

二　施設への入所等についての許可の申立てを却下する審判　申立人

三　扶養義務者の負担すべき費用額の確定の審判及びその申立てを却下する審判　申立人及び相手方

別表第一（略）

項	事項	根拠となる法律の規定
	略	
109	遺留分の算定する場合における鑑定人の選任	民法第1029条第2項
110	遺留分の放棄についての許可	民法第1043条第1項
	（略）	

別表第二

項	事項	根拠となる法律の規定
	略	
遺産の分割		
12	遺産の分割	民法第907条第2項
13	遺産の分割の禁止	民法第907条第3項
14	寄与分を定める処分	民法第904条の2第2項
新設		
新設	新設	新設
	略	

附　則（抄）^(注)

（施行期日）

第1条　この法律は、公布の日から起算して1年を超えない範囲内において政令
で定める日から施行する。ただし、次の各号に掲げる規定は、当該各号に定
める日から施行する。

　一　附則第30条及び第31条の規定　公布の日

　二　第1条中民法第968条、第970条第2項及び第982条の改正規定並
びに附則第6条の規定　公布の日から起算して6月を経過した日

　三　第1条中民法第998条、第1000条及び第1025条ただし書の改正
規定並びに附則第7条及び第9条の規定　民法の一部を改正する法律
（平成29年法律第44号）の施行の日

　四　第2条並びに附則第10条、第13条、第14条、第17条、第18条及
び第23条から第26条までの規定　公布の日から起算して2年を超え
ない範囲内において政令で定める日

　五　第3条中家事事件手続法第3条の11及び第3条の14の改正規定並びに附
則第11条第1項の規定　人事訴訟法等の一部を改正する法律（平成30年
法律第▼▼▼号）の施行の日又はこの法律の施行の日のいずれか遅い日

（民法の一部改正に伴う経過措置の原則）

第2条　この法律の施行の日（以下「施行日」という。）前に開始した相続につ
いては、この附則に特別の定めがある場合を除き、なお従前の例による。

（共同相続における権利の承継の対抗要件に関する経過措置）

第3条　第1条の規定による改正後の民法（以下「新民法」という。）第899条
の2の規定は、施行日前に開始した相続に関し遺産の分割による債権の承継
がされた場合において、施行日以後にその承継の通知がされるときにも、適
用する。

（夫婦間における居住用不動産の遺贈又は贈与に関する経過措置）

第4条　新民法第903条第4項の規定は、施行日前にされた遺贈又は贈与につい
ては、適用しない。

（遺産の分割前における預貯金債権の行使に関する経過措置）

第5条　新民法第909条の2の規定は、施行日前に開始した相続に関し、施行日
以後に預貯金債権が行使されるときにも、適用する。

2　施行日から附則第1条第3号に定める日の前日までの間における新民法第
909条の2の規定の適用については、同条中「預貯金債権のうち」とあるのは、
「預貯金債権（預金口座又は貯金口座に係る預金又は貯金に係る債権をいう。

以下同じ。）のうち」とする。

（自筆証書遺言の方式に関する経過措置）

第6条 附則第1条第2号に掲げる規定の施行の日前にされた自筆証書遺言については、新民法第968条第2項及び第3項の規定にかかわらず、なお従前の例による。

（遺贈義務者の引渡義務等に関する経過措置）

第7条 附則第1条第3号に掲げる規定の施行の日（以下「第3号施行日」という。）前にされた遺贈に係る遺贈義務者の引渡義務については、新民法第998条の規定にかかわらず、なお従前の例による。

2 第1条の規定による改正前の民法第1000条の規定は、第3号施行日前にされた第三者の権利の目的である財産の遺贈については、なおその効力を有する。

（遺言執行者の権利義務等に関する経過措置）

第8条 新民法第1007条第2項及び第1012条の規定は、施行日前に開始した相続に関し、施行日以後に遺言執行者となる者にも、適用する。

2 新民法第1014条第2項から第4項までの規定は、施行日前にされた特定の財産に関する遺言に係る遺言執行者によるその執行については、適用しない。

3 施行日前にされた遺言に係る遺言執行者の復任権については、新民法第1016条の規定にかかわらず、なお従前の例による。

（撤回された遺言の効力に関する経過措置）

第9条 第3号施行日前に撤回された遺言の効力については、新民法第1025条ただし書の規定にかかわらず、なお従前の例による。

（配偶者の居住の権利に関する経過措置）

第10条 第2条の規定による改正後の民法（次項において「第4号新民法」という。）第1028条から第1041条までの規定は、次項に定めるものを除き、附則第1条第4号に掲げる規定の施行の日（以下この条において「第4号施行日」という。）以後に開始した相続について適用し、第4号施行日前に開始した相続については、なお従前の例による。

2 第4号新民法第1028条から第1036条までの規定は、第4号施行日前にされた遺贈については、適用しない。

（家事事件手続法の一部改正に伴う経過措置）

第11条 第3条の規定による改正後の家事事件手続法（以下「新家事事件手続法」という。）第3条の11第4項の規定は、附則第1条第5号に掲げる規定の施行の日前にした特定の国の裁判所に特別の寄与に関する処分の審判事件（新家事事件手続法別表第2の15の項の事項についての審判事件をいう。）の申

立てをすることができる旨の合意については、適用しない。

2　施行日から第3号施行日の前日までの間における新家事事件手続法第200条第3項の規定の適用については、同項中「民法第466条の5第1項に規定する預貯金債権」とあるのは、「預金口座又は貯金口座に係る預金又は貯金に係る債権」とする。

（家事事件手続法の一部改正に伴う調整規定）

第12条　施行日が人事訴訟法等の一部を改正する法律の施行の日前となる場合には、同日の前日までの間における新家事事件手続法第216条の2及び別表第2の規定の適用については、同条中「審判事件」とあるのは「審判事件（別表第2の15の項の事項についての審判事件をいう。）」と、同表中「第197条」とあるのは「第197条、第216条の2」とする。

（不動産登記法の一部改正）

第26条　不動産登記法（平成16年法律第123号）の一部を次のように改正する。
第3条中第9号を第10号とし、第8号の次に次の1号を加える。

　九　配偶者居住権
第81条の次に次の1条を加える。

　（配偶者居住権の登記の登記事項）

第81条の2　配偶者居住権の登記の登記事項は、第59条各号に掲げるもののほか、次のとおりとする。

　一　存続期間
　二　第三者に居住建物（民法第1028条第1項に規定する居住建物をいう。）の使用又は収益をさせることを許す旨の定めがあるときは、その定め

（注）「民法及び家事事件手続法の一部を改正する法律」の附則のうち、重要と思われるものを抽出しています。

著者紹介

上西　左大信 （うえにし　さだいじん）

1957年　大阪市生まれ
1980年　京都大学経済学部卒業
1985年　松下政経塾卒塾
現在　　上西左大信税理士事務所所長、税理士

日本税理士会連合会・調査研究部特命委員、同・税制審議会専門副委員長、総務省・償却資産課税のあり方に関する調査研究委員会委員（以上、現任）、政府税制調査会・専門家委員会特別委員、税理士試験（第61回・第62回・第63回）試験委員、中小企業政策審議会臨時委員、政府税制調査会特別委員、法制審議会民法（相続関係）部会委員　他

【著書】

『Ｑ＆Ａ実務に役立つ法人税の裁決事例選』（監修　清文社）2018年
『今年の税制改正のポイント』（共著　清文社）2006年〜2018年の各年
『新版 税務会計学辞典』（分担執筆　中央経済社）2017年
『スキャナ保存制度』（共著　税務研究会）2016年
『自主点検チェックシートの完全ガイド』（編著　税務研究会）2015年、他

民法改正でこうなる！
税理士のための相続実務

平成 30 年 7 月30日　第 1 刷発行
平成 30 年12月21日　第 4 刷発行

著　者　　上西　左大信

発　行　　株式会社 **ぎょうせい**

〒136-8575　東京都江東区新木場 1 - 18 - 11
電話　編集　03-6892-6508
営業　03-6892-6666
フリーコール　0120-953-431

〈検印省略〉

URL：https://gyosei.jp

印刷　ぎょうせいデジタル㈱　　　　　　　©2018 Printed in Japan
※乱丁・落丁本はお取り替えいたします。

ISBN978-4-324-10475-0
(5108408-00-000)
〔略号：税理士相続〕